百川汇南粤

海上丝绸之路对岭南文化的影响

丛书主编：白晓霞

GZC 高校主题出版
2016 GAOXIAO ZHUTI CHUBAN

2016年广东省重点出版物孵化扶持项目

百川汇南粤

海上丝绸之路对岭南文化的影响

建筑篇

赵炳林　夏玲玲◎编著

中山大學出版社
SUN YAT-SEN UNIVERSITY PRESS
·广州·

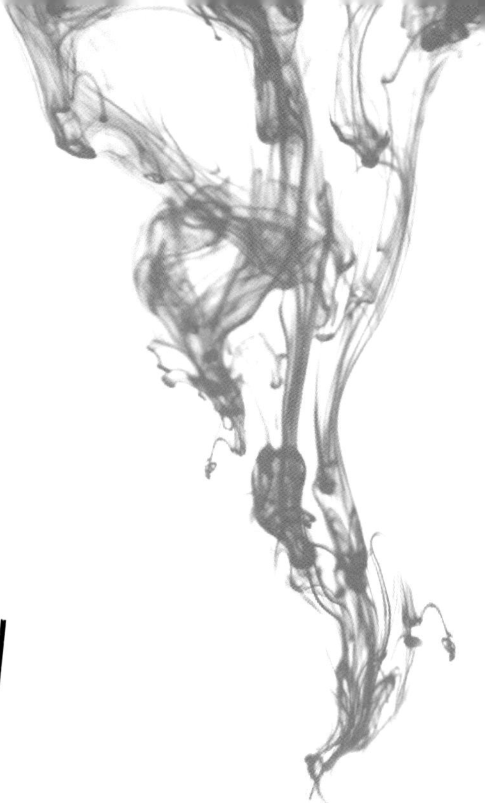

版权所有　翻印必究

图书在版编目（CIP）数据

百川汇南粤：海上丝绸之路对岭南文化的影响．建筑篇/赵炳林，夏玲玲编著．—广州：中山大学出版社，2017.12

（百川汇南粤：海上丝绸之路对岭南文化的影响丛书/白晓霞主编）

ISBN 978 - 7 - 306 - 06271 - 0

Ⅰ. ①百… Ⅱ. ①赵… ②夏… Ⅲ. ①海上运输—丝绸之路—影响—地方文化—文化研究—广东 ②建筑史—研究—广东 Ⅳ. ①K203 ②G127.65 ③TU - 092

中国版本图书馆 CIP 数据核字（2017）第 315602 号

出 版 人：	徐　劲
策划编辑：	吕肖剑　王延红
责任编辑：	周明恩
封面设计：	林绵华
责任校对：	王延红
责任技编：	何雅涛
出版发行：	中山大学出版社
电　　话：	编辑部 020 - 84111946，84113349，84111997，84110779
	发行部 020 - 84111998，84111981，84111160
地　　址：	广州市新港西路 135 号
邮　　编：	510275　　传　真：020 - 84036565
网　　址：	http://www.zsup.com.cn　E-mail:zdcbs@mail.sysu.edu.cn
印 刷 者：	广州家联印刷有限公司
规　　格：	787mm×1092mm　1/16　11 印张　200 千字
版次印次：	2017 年 12 月第 1 版　2017 年 12 月第 1 次印刷
定　　价：	48.00 元

如发现本书因印装质量影响阅读，请与出版社发行部联系调换

丛书序

中西文明的交流与碰撞自古以来连绵不断，对世界文明产生了重要的影响。在漫长的岁月之中，中西方人民通过不同的方式进行相互交流与学习，其中一次跨越年代长、范围广且甚为重要的中西交流，就是著名的丝绸之路。

从汉代开始，中国人就开通了从广东到印度去的航道。宋代以后，随着南方的进一步开发和经济重心的南移，从广州、泉州、杭州等地出发，经今东南亚、斯里兰卡、印度等地，抵达红海、地中海和非洲东海岸。人们把这些海上贸易往来的各条航线，通称为"海上丝绸之路"。这个名称，最早由德国地理学家李希霍芬（Richthofen）1877年在《中国亲程旅行记》一书中提出。

海上丝绸之路跨越两千多年，中西方物质文明交流频繁兴盛，到元代，海上丝绸之路已经远远超越了商业的范畴，成为东西全方位交流的大动脉，是中国古代对外贸易和海上交通的重要通道。

岭南介于山海之间，北枕五岭，南临南海。南海则是海上丝绸之路的咽喉。特殊的地理区位，使岭南成为海上丝绸之路的始发地之一以及中国古代对外贸易的核心区域。

岭南与海上丝绸之路沿途各国的文化交流，从未间断，来自异域的文化养分，与岭南本土文化交织碰撞，中原文化以及各地文化对其浸润影响，形成了独具特色的岭南文化。海洋性、兼容性以及开放性成为岭南文化的特性。

文化的交流是双向的。中国奉献给西方世界以精美实用的丝绸，欧亚各国人民也同样回报了中国。通过海上丝绸之路，西域的苜蓿、葡萄与乐舞、

杂技，罗马的玻璃器，西亚、中亚的音乐、舞蹈、饮食、服饰等传入中国。

广州及岭南地区是外来佛法东渐的第一站，是外来宗教经海路的"西来初地"，多种宗教文化融汇于此，对岭南文化和社会产生深远的影响。海上丝绸之路独特的地理流动所带来的宗教与文化的冲撞与融合，为早期岭南文化艺术的发展提供了得天独厚的历史机遇。19世纪末叶以来，岭南地区的经济发展更是推动了文化的兴盛，建筑、艺术、宗教、戏剧、音乐、文学、绘画、工艺、饮食、园林、风俗等各个领域，贯穿着开放、兼容的观念。如广东的骑楼，早已跳出建筑学的范畴，成为东西文化交流史上的一个经典符号。

伴随着近代西方科学文化知识的传入，广东成为中国近代工业和革命的策源地。同时，在广州、澳门等地聚集的形形色色的商人、传教士、旅行家等，通过书信向国内介绍"中国印象"，将中国经典古籍翻译介绍至西方，推动了欧美的汉学研究，为西方了解中国打开了一扇窗。

岭南在海上丝绸之路文化交流的天时与地利，沟通东方与西方，融汇中学与西学，可谓得风气之先。中西交流不断为岭南文化注入新鲜血液，为岭南、为广东的发展注入了活力，形成了开放兼容、敢于冒险、富于创新等文化精神，在中国地域文化中独树一帜，又将这些文化精神辐射到全国。

近代以来，岭南的商帮在与西方的商贸往来中，促进了洋务人才的成长，为近代中国培养了大批洋务人才，岭南成为洋务运动的发祥地之一，开启了古老中国的近代化序幕。近代民主革命风起云涌，岭南人中之翘楚如康有为、梁启超及孙中山，执改良与革命之牛耳，推翻封建帝制，建立了亚洲第一个共和国。

进入20世纪，海洋文明浸润的岭南，再次领潮争先，成为改革开放的先行地，创造了一系列经济奇迹，并且孕育了改革开放时代的文化精神。广交会，也已成为海上丝绸之路新的里程碑。

海上丝绸之路从最初的商业交往通道，发展成为政治、文化、军事、科技和艺术等方面交流的渠道，更是一座连接东西方文明的友谊桥梁，把世界上众多国家和地区紧密联系在一起，促进了各国间的友好交往。

2013年10月3日，国家主席习近平在印度尼西亚国会发表重要演讲时明确提出，中国致力于加强同东盟国家的互联互通建设，愿同东盟国家发展好海洋合作伙伴关系，共同建设21世纪"海上丝绸之路"。而21世纪海上丝绸之路将给中国、给世界带来什么样的成就与辉煌,万众瞩目,万众期待!

此为我们出版《百川汇南粤——海上丝绸之路对岭南文化的影响》之主旨也。

白晓霞
2017年10月于广州天河

目录 CONTENTS

序 1

第一章 岭南文化与岭南建筑概述 1

第一节 岭南文化略述 2
 一、岭南的界定 2
 二、岭南文化的形成 3
 三、岭南文化的本质和基本特征 6
 四、海上丝绸之路与岭南 7

第二节 岭南建筑文化初探 10
 一、岭南建筑与海上丝绸之路 10
 二、岭南建筑文化源流 14
 三、岭南建筑特征与表现 17

第二章 早期岭南建筑 19

第一节 早期岭南建筑概述 20
 一、早期岭南建筑特色 20
 二、远古至先秦时期岭南建筑 23

第二节 秦汉至明清时期的岭南建筑 31
 一、秦汉时期岭南建筑 31

　　二、三国两晋南北朝时期岭南建筑　　34
　　三、隋唐南汉时期岭南建筑　　35
　　四、宋元时期岭南建筑　　38
　　五、明清时期岭南建筑　　42

第三章　晚清及民国时期的岭南建筑　　45

第一节　中西合璧的公共建筑　　46
第二节　十三行与粤海关　　55
　　一、十三行　　55
　　二、粤海关　　59
第三节　澳门民居　　60
　　一、海上丝绸之路与澳门　　60
　　二、澳门的民居　　61

第四章　宗教传播与岭南宗教遗址　　69

第一节　佛教建筑　　70
　　一、光孝寺　　70
　　二、南华寺　　77
　　三、六榕寺　　80
　　四、华林寺　　84
第二节　伊斯兰教建筑　　88
　　一、广州怀圣寺与光塔　　89
　　二、清真先贤古墓　　91
第三节　基督教建筑　　94
　　一、基督教传入中国　　94
　　二、利玛窦与中国内陆第一座天主教堂　　95

三、石室圣心大教堂　　98
　　四、沙面露德圣母堂　　103

第五章　华侨文化影响下的碉楼建筑　　107

　第一节　华侨文化和碉楼　　108
　　一、华侨文化　　108
　　二、开平碉楼起源　　110
　第二节　从开平碉楼看中西建筑交融　　113
　　一、含蓄内敛的传统式　　113
　　二、简明大方的平台式　　115
　　三、典雅富贵的柱廊式　　116
　　四、神秘威严的城堡式　　117
　　五、华丽富贵的混合式　　118
　第三节　碉楼特色　　120
　第四节　"银信"与碉楼建筑　　123

第六章　广州骑楼与西关大屋　　125

　第一节　广州骑楼　　126
　　一、骑楼的起源　　126
　　二、广州骑楼及骑楼街的建设发展进程　　128
　　三、骑楼与"十三夷馆"　　133
　　四、骑楼的构造　　135
　　五、骑楼建筑风格的主要形式　　136
　第二节　西关大屋　　145

第七章　西方的建筑文化细节对岭南建筑文化的影响　149

第一节　岭南建筑原有的风格特点　150
  一、既保留古制，又中西交汇　150
  二、既有地域共性，又各呈异彩　153
  三、既讲究风水，又突出亲水　156
第二节　古代西方建筑文化在岭南的传播　158
  一、外来建筑文化在岭南的传播是在特殊的历史条件之下展开的　158
  二、岭南建筑文化与外来建筑文化的互动并未真正展开　158
  三、历史条件下外来建筑文化在岭南传播的区域有限　159
  四、古代外来建筑文化在岭南的影响力较弱　159
第三节　近代西方建筑文化在岭南的传播　161
  一、近代外来建筑文化在岭南传播与影响的区域广泛　161
  二、岭南建筑文化对外来建筑文化的选择与吸纳　161
  三、外来建筑文化与岭南建筑文化的互动由表及里逐渐深入　162

参考文献　163

序

　　建筑起源于人类遮风避雨、躲避野兽侵袭的最基本的需求，从人类开始有意识地建造用于栖居的住所，建筑就产生了，故建筑的历史与人类的文明史一样久远。建筑是一种文化现象，它联系着人们的生活和生产方式，其外部物质层面联系着各种生产技术、材料工具，而中间制度层面则联系着各种规章条例、法律关系，思想核心层面联系着各种社会观念、审美价值和民俗风情，因此建筑是物质文化和精神文化的统一体，具有实用性和审美性两重属性。

　　从种类上分，建筑分为住宅建筑、公用建筑和特种建筑三大类。公用建筑包括道路、港口码头、桥梁、园林、广场和运动场、音乐厅、会馆场所等公用设施；特种建筑包括宗教寺庙、坛庙、纪念堂碑、陵园陵墓建筑等以及建筑工艺品。从历史发展来说，建筑经历了从只有住宅，到既有住宅，又有公用建筑，再到住宅建筑、公用建筑和特种建筑并存这样三个阶段，表现出从以实用为主发展到实用与审美相结合的过程。早期建筑是纯实用建筑，以后发展到以实用为主、审美为辅的建筑，再发展到实用与审美融洽无间、缺一不可的阶段。因此，建筑总是实用与审美的结合物。

　　岭南建筑因其特殊的地缘和历史原因，既有中原建筑文化的烙印，也有海外建筑文化的特色，可以说在中国建筑文化中独树一帜。这种与其他地方迥异的建筑特色贯穿于岭南建筑的不同历史阶段，不论是在干栏式建筑阶段、与中原建筑文化融合阶段，还是在吸收外来建筑文化的近、现代阶段，岭南建筑都有着不同于中国其他地域的显著特征。

　　岭南有着悠久的海外交往史。随着古代航海技术的发展和海上丝绸之路的开辟，岭南开始了与海外直接或间接的文化交流和商品贸易，也成为中国最早接触外来文明的地区之一。

　　岭南建筑文化受外来文化的影响很大。它以中华民族固有的传统文化为根基，积极吸收和借鉴外来文化，发展中国的建筑文化，为岭南建筑的发展提供了新的范式。以木构建筑体系为主的中国传统建筑格局被打破，外来的建筑元素、建筑形式与新颖的建筑类型逐渐融入到中国传统建筑文化中，多元化的建筑特色逐渐形成。

第一章
岭南文化与岭南建筑概述

第一节　岭南文化略述

一、岭南的界定

岭南是指南岭以南的广大地区，包括广东、广西、海南三省区。北宋中期以前还包括今越南的北部地区，北枕南岭，南临南海，西连云贵，东接福建。传统意义上的"南岭"是指江西、湖南与广东、广西四省相交的一系列东北—西南向的山脉，由大庾岭、骑田岭、萌渚岭、都庞岭、越城岭五个岭相连而成。

根据史书的记载，五岭的具体位置是：

大庾岭，在今江西省西南角的大余县（古称大庾县）南境的梅岭（还有梅岭古道附近），与广东省南雄市接壤，为粤赣交通要道，秦时的横浦关即在此岭之上。

骑田岭，在今湖南郴州市苏仙区和宜章县之间，为湘粤通道，秦时的阳山关即在此岭之上。

萌渚岭，在今湖南省江华瑶族自治县和广西贺州市八步区、钟山二县区之北，为由湘入桂之道。

都庞岭，在今湖南省蓝山县南和广东省连州市之北，而不是今日位于广西灌阳县和湖南江永县之间的都庞岭。秦时的湟溪关即在此岭之上，亦为由湘入粤之道。

越城岭，在今广西兴安县之北，为由湘入桂的交通要道，目前尚存兴安县严关和秦城遗址。

可见，五岭的位置都是在南岭山脉一线之上。南岭山脉起自云南云岭，东入贵州为苗岭，再东经两广和湖南、江西、福建等省边界而东达于海，其间大小山岭不计其数，是中国长江以南最大的横向构造带山脉，也是长江和珠江两大流域的分水岭。

"五岭"也指五条穿越南岭的道路。在《晋书·地理志下》有云："秦始皇既略定扬越，以谪戍卒五十万人守五岭。自北徂南，入越之道，必由岭峤,时有五处,故曰五岭。"《集韵》中将"峤"解释为"山迳也",即过山之路的意思。宋朝周去非在《岭外代答》中亦提出:"自秦世有五岭之说,皆指山名之,考之乃入岭之途五耳,非必山也。自福建之汀(州)入广东之循(龙川)、梅(县),一也;自江西之南安(大余)逾大庾(岭)入南雄,二也;自湖南之郴(州)入连(县),三也;自道(县)入广西之贺(县),四也;自全(州)入静江(桂林市),五也。"

岭南背依南岭,面临南海,封闭而又开放,自成为一个天然的文化地理单元,也形成了不同于岭北(南岭以北)的自然地理状况。地势自西北向东南倾斜,地貌的基本特征是山地丘陵众多。由于三大水系交错纵横,沿海地区河流成网,形成了珠江三角洲和韩江三角洲两个较大的冲积平原,地势平坦,土壤肥沃。这两个冲积平原一直是岭南人口比较集中、经济比较发达的地区。同时岭南地区拥有长达3 256公里的漫长海岸线和众多的港湾,这些港湾深入大陆内部,形成很多优良港湾,为岭南沿海先民出海捕鱼、运输和海外贸易提供了得天独厚的条件。

岭南处于低纬度地带,白昼冬短夏长,阳光充足,四季不明显。夏季很少酷暑,冬季没有严寒。隆冬时节,寒潮通过骑田岭、大庾岭的缺口入侵,岭南偶尔会出现霜冻天气,但持续的时间很短,寒潮一停,很快就大地回暖,因此适宜栽培粮食作物和经济作物。由于面临南海,夏秋两季常有台风暴雨。旱涝频繁,是岭南气候的特点。这样的气候不仅仅会影响先民的生活习惯,也会影响其建筑形式。

二、岭南文化的形成

岭南文化是在原有土著文化的基础上,接受中原及各地优秀文化,同时吸收海外文化精华,从而形成的富有活力和地方特色的文化单元,是中国文化的重要板块之一。

早在远古时代,岭南就有人类居住,据考古学家考证,最早的是广东郁南磨刀山人,时间和北京人差不多。1958年在广东曲江县马坝镇狮子山洞穴中,发现了马坝人不完整的中年男性头骨化石一具,经过测定,距今约12.9万年,其形态介于猿人和新人之间,属于早期古人。这证明了岭南的历史可以上溯到原始社会的原始群时代。随后在1984年清理马坝人化石所在的黄色黏土堆积层时,考古学家又发现了两件用砾石打制的砍砸器,这说明旧石器时代中期马坝仍有岭南先民活动的迹象。1978年在广东封开县河儿口村黄

口山北面的峒中岩内，发现一枚人类臼齿化石，属于旧石器时代晚期人类化石的分布范围。岭南地区经历了漫长的旧石器时代。考古学家后来又发现了距今约一万年左右的岭南本土的"新人"化石，说明岭南当时已经进入了新石器时代。"新人"在体格形态上与现代人没有显著区别。同时，学会了使用火，岭南"新人"逐渐步入原始氏族公社的历史阶段，进一步揭示了岭南历史发展的面貌。新石器时代中期的文化遗存以潮安县陈桥村贝丘遗址和增城市金兰寺下层贝丘遗址为代表，出土有打制和磨制的石器、骨器以及彩陶片，反映出当时渔猎经济比较发达，还有可能兼营原始农业。后来，考古发现又证实岭南先民大约在距今7 000—6 000年前，与中原地区的居民差不多同时进入母系氏族社会。

生活在黄河、长江流域一带的先民，大约在5 000年前由母系氏族社会进入父系氏族社会。岭南地区率先进入父系氏族社会的是粤北、粤中一带的先民，时间大约在4 500年前，较晚进入父系氏族社会的地区是雷州半岛、海南岛及腹地个别山区，大约在2 000年前进入。中原地区约在公元前2100多年的夏朝，父系氏族社会就全面解体，进入以青铜文化为标志的奴隶社会，经历了约1 600年左右的时间，于春秋时代的晚期开始进入封建制社会。而岭南父系氏族社会解体比较缓慢，从春秋时代中晚期开始才逐步过渡到极不发达的奴隶制社会，其中大部分氏族部落到西汉初期赵佗建立了南越国时才进入奴隶社会。由于历史发展的不平衡性，古代岭南的发展大大落后于中原，但绝不能因为古代岭南的发展比较缓慢而否定它的悠久历史。事实上，在中原人进入岭南之前，岭南的居民已经在这块土地上生活了10多万年了。

岭南正式列入国家行政建制是在秦始皇统一中国之后。而在秦朝之前，岭南就与中原商、周王朝以及长江流域的吴、越、楚等国发生经济、政治、文化的联系，其中与楚国的关系特别密切。秦始皇统一中国之后，于公元前214年在岭南设置桂林、象、南海三个郡。今广东省境内大部分属南海郡，海南岛、广东西南部、广西南部及今越南红河三角洲一带属象郡，粤西一部分地方和广西大部分属桂林郡。南海郡治所在番禺（今广州）。①

秦朝灭亡后，"汉承秦制"，岭南分为南海、苍梧、郁林、合浦、交趾、九真、日南、儋耳、珠崖九个郡。西汉末，撤销儋耳、珠崖二郡，其辖地并入合浦郡。东吴统治时期，分合浦以北为广州，合浦以南为交州。广州统辖南海、苍梧、郁林、合浦等郡，交州统辖交趾、九真、日南等郡。广州的州

---

① 李权时《岭南文化》，广东人民出版社1993年版，第10页。

治设在番禺,广州由此得名。①

后来,各朝代的国家行政建制有所不同,岭南建制的划分和称谓也有很大的变化。广东省作为行政单位的名称,是从清朝开始的,一直相沿至今。

经过对历史的考察,我们大致上可以了解岭南文化的发展面貌,除了悠久的历史,这种灿烂的文化在地理条件和人口迁移等因素的影响下呈现出独有的特色。

岭南多山地、丘陵,因此早期生活于此的先民是分散居住在林壑中,曾多次发现先秦时期的先民生息过的村落遗址。由于这些地方山形阻隔,地理悬远,与外界的交流较少,生产方式比较落后,因此发展相对比较缓慢。例如,青铜工具的发明和使用,就比中原地区落后了很多。目前广东发现的最早的青铜器,是1974年在信宜松香厂出土的西周铜盉,工艺精巧,造型、纹饰都具有中原地区的文化特点,显然是从中原地区传入的,并非当地铸造。广东最早铸造的青铜器,是1974年在饶平县顶大埔山发掘出的铜戈,其形制与中原地区同期青铜器相比较,差异很大,而且工艺较为拙劣。据专家推测,岭南铸造青铜器的时间,最早应该在春秋时期。从已发现的青铜器具来看,它们质量粗糙,体型薄小,纹饰简单,兵器较多,农具极少。这说明岭南生产方式尚属于原始时代,木器、石器是他们当时的主要生产工具。

由于岭南面临大海,有许多优良的天然港口和广阔的经济腹地。这就决定了岭南外向型经济的特点。秦时,广州就是"番禺之都",是交通枢纽和重要都会。西汉时期,广州就是全国19个都会之一,也是中国海上丝绸之路的起点之一,从这里输出丝绸等奢侈品,从海外输入珠玑、宝石、象牙、香料等舶来品。魏晋南北朝时期,南亚高僧翻山航海,络绎前来,译经传教,广州成为当时三大译经中心之一(另两个为洛阳、建康)。域外佛教文化的传入,深刻影响了中国人的文化和生活。唐宋时期,大批阿拉伯人和景教的传教士前来岭南,使岭南呈现出宗教的多元化现象。

北方由于战乱、自然灾害等原因,从秦末开始,就有北人南迁岭南。由于迁移时间不同、迁入地不同,加上自然历史原因,形成了岭南汉族中的不同民系,如客家人、潮汕人、广府人、海南人等。由于各民系之间语言、风俗、生活习惯上的差异,形成了不同的民俗风情。按语言来分,岭南主要有广府文化、潮汕文化、客家文化和海南文化等。从小的方面说,还有雷州文化、桂东文化和少数民族文化等。它们既各有特点,也有共性,共同构成了

---

① 蒋祖缘、方志钦主编《简明广东史》,广东人民出版社1987年版,第2页。

岭南文化的全貌。

三、岭南文化的本质和基本特征

什么是岭南文化？学术界从不同的角度、侧面、层次进行分析，认为岭南文化是岭南人民在长期的社会实践中创造的物质文化和精神文化的总和。而其本质也有许多具有代表性的观点：岭南文化是一种感性自然的原生型文化；岭南文化是一种包容性的移民文化；岭南文化是一种商业文化，世俗文化；岭南文化是一种海洋文化；岭南文化是一种反传统、远儒性的非正统文化等。①

由于各地区的自然环境、人文环境不同，社会实践主体不同，自然也就产生了不一样的地域文化，而岭南文化区别于其他文化就是因为其特殊的本质，岭南文化是一种原生型、多元性、感性化、非正统的世俗文化。这是由岭南地区的生产方式和生活方式决定的。古代岭南处于中国大陆南端且拥有许多优良港湾，成为利于贸易的地方。近代岭南城镇众多，具有悠久的手工业和经商的传统，经济比较发达，特别是商业比较发达。我国资本主义生产关系最早在这里萌芽，广州自古以来就是我国对外贸易的重要口岸。这个充满着商品和商品生产、商品交换意识、弥漫着商业气息的社会，不同于传统的农业社会、不同于现代的工业社会，而是一种逐步摆脱传统农业社会，又不同于现代的工业社会，是一种逐步摆脱传统农业文明影响，向着现代工业文明过渡的市井社会。这一市井社会孕育的居民，其文化形象不是军人官吏，不是文人学者，不是地主绅士，不是资本家，也不是工人农民，而是城市平民。这一市井社会产生的文化无疑是市民文化，世俗文化。②

岭南文化的基本特征是重商性、开放性、兼容性。

重商性。中国传统文化在经济领域历来具有重农抑商的倾向。但是，这种封建社会小农经济条件下形成的价值观念，在岭南地区并无突出的反映。历史上，岭南，特别是珠江三角洲一带是商业贸易比较发达的地区，广州又是我国历史上最早、规模最大的重要对外通商口岸之一。自三国时代以来，广州已是中国海上丝绸之路的起点，到唐代已成为世界著名商埠，宋代广州与50多个国家有通商及政治关系，元代广州与140多个国家有贸易关系，

---

① 李权时《岭南文化》，广东人民出版社1993年版，第27页。
② 李权时《岭南文化》，广东人民出版社1993年版，第19页。

明清时岭南商品经济迅猛发展，当时浙商、徽商、晋商和闽商争相"走广"，广州城南的濠畔街成为"天下富商聚焉"的闹市区。珠江三角洲在明代就已成为商品性农业区，农业生产结构发生很大变化，人口骤增，人们纷纷离开土地从事商业贸易与手工业，把经济作物和其他产品转到国外市场。历史延续到今天，岭南，特别是珠江三角洲一带是我国商品经济最为发达的地区之一。岭南这种商业性的市井社会，深刻影响和制约着岭南文化的发展。岭南文化上的商业精神不仅弥漫于市民的日常生活中，而且往往制约着人们的价值取向和行为目标。[1]

开放性。在得天独厚的地理环境和自然环境中形成的岭南文化，不免要与其他外域文化发生碰撞和交汇，形成一种开放的文化心态，呈现出与较为封闭的内陆文化有明显不同的性质。岭南人很早就形成"习于水斗，便于用舟"的传统。他们习于海外展拓，甚至浮家泛宅，远涉重洋。历史上，广州是外国人居住和出入较多的城市之一。这样的地理环境和人口流动，使岭南呈现出一种开放式的文化态势。自汉高祖刘邦统一天下以来，岭南不仅从海外引进了众多的花果和农作物品种，而且为佛教、伊斯兰教、基督教的传播打开了大门。尤其令人惊叹的是在道学颇盛，朱陆、阳明之学声势强炽之际，岭南却于同期接纳了大量的西方科学知识，不少士人商贾率先学习格致之学。鸦片战争之后，中西方文化交流更为普遍，岭南地区大量设立传播自然科学知识的西式学堂，而这部分学堂融入了不少西方建筑的构造。[2]

兼容性。具有开放性的文化，必然具有兼容性，两者是有机联系的。岭南文化具有兼容并蓄的特点，它处于与不同文化相互对流和沟通的状态，不存在严重冲突和对抗的局面。从文化的国际交流的视野考察，岭南文化融贯着中西文化的特色，包含着很多外来文化的因素。早在唐代，基督教文化、阿拉伯文化、波斯文化就在广州一带与本土文化和平共处。到了近代，西方文化、日本文化也在岭南遍地开花。[3]

四、海上丝绸之路与岭南

海上丝绸之路开辟于秦汉时期，从中国南方港口起航，往南穿越南海，经马六甲海峡进入印度洋及波斯湾地区，远及东非、欧洲。在两千多年的发

---

[1] 李权时《岭南文化》，广东人民出版社1993年版，第22页。
[2] 李权时《岭南文化》，广东人民出版社1993年版，第23页。
[3] 李权时《岭南文化》，广东人民出版社1993年版，第24页。

展过程中，岭南作为中国南端连接东西方的前沿之地，通过海上丝绸之路将中西方文明连接在一起，不管是在经济、政治还是文化上，都有着举足轻重的地位。

1. 海上丝绸之路的发祥地和经久不变的中心地

岭南地处亚洲、太平洋海上交通要冲，具有优越的地理区位与自然条件，是中国通往东南亚、大洋洲、中近东和非洲等地的最近出海口，历史上始终处于中国对外贸易的前沿、是海上丝绸之路的发祥之地。

由于造船技术、航海技术、航海知识的局限，早期的航海活动均沿着海岸线作近海航行，因此岭南地区中心的番禺、位于雷州半岛南端的徐闻，以及位于北部湾北岸南流江入海口的合浦，就因为其地理位置和港口优势，成为这条航线上最早的中国港口。

随着王朝更替，各地社会经济开发，广东不少海港成为海上丝绸之路上大大小小的节点。有的长盛不衰，如广州，两千余年来一直是中外交往的中心地，不仅在中国历史上独一无二，在世界历史上也非常罕见；有的则是海上丝绸之路的中转港；有的是区域性的货物集散港，如清代潮州樟林港、高州梅菉港、雷州港。这些港口在海上丝绸之路编织的交通贸易网络中发挥了不同的功能，构成了广东对外贸易的港口系统，奠定了广东在海上丝绸之路上的中心位置。

2. 广东首创一系列具有全国意义的海外贸易管理制度

岭南在中外海路政治交往、经济交流中居于举足轻重地位，因此不少海外贸易制度首先会在广州创置，继而向国内其他地区推广。为了适应对外交往、海外贸易的发展需要，唐朝在广州设立市舶司，代表朝廷掌管南海诸国的邦交和贸易事务。市舶司下置市舶使，是中国外贸史上第一个专门机构，开创了古代海外贸易管理的新制度。此后该制度为宋元明代所继承，直到清康熙年间设置沿海四海关，才退出历史舞台，但其不少机制仍然为海关体制所沿用。

宋初设立专门管理海外贸易的机构，但对市舶管理无定法，各地的外贸管理往往是各地官府根据本地情况而修订，经朝廷批准实行，因时而制、临事制宜，结果是敕令越来越繁杂，甚至出现相互抵牾的情况，流弊甚多。宋神宗时，经过多年详议，终于在元丰三年（1080）制定《广州市舶条法》，颁行于广东、浙江、福建等省。这是我国历史上第一部管理海外贸易的专门法规，对后世影响甚为深远。元朝于1314年颁行了被认为是中国古代第一部完整和系统的海外贸易管理法规的《延祐市舶法》，就是在《广州市舶条法》的基础上制定的。

3. 岭南地区是中外文化的前沿窗口

岭南得益于海上丝绸之路文化交流的天时与地利，在沟通东方与西方，融汇中学与西学方面，可谓得风气之先。因此岭南文化得以不断注入新鲜血液，为广东发展注入活力，形成了开放兼容、敢于冒险、富于创新等文化精神，在中国地域文化中独树一帜，并辐射全国。

第二节　岭南建筑文化初探

一、岭南建筑与海上丝绸之路

通过海上丝绸之路所进行的中外贸易往来，不仅对历代王朝的经济政治产生了巨大影响，更对位于海上丝绸之路上的岭南的建筑有着重大影响。从岭南建筑发展中枢的古代广州建筑的影响变化中，就能总结出岭南建筑的风格特点。岭南建筑特色的形成不仅受到原南方少数民族（包括楚、越、瓯等族）的渗透影响，还不断地吸收中亚、波斯、印度、南洋、阿拉伯、欧洲等地的建筑艺术成就，博采外域建筑经验，使自身逐步获得新的发展。以海上交通和贸易的拓展为背景，岭南建筑与外国建筑较大的接触共有四次：一是汉至南北朝时期；二是唐宋时期；三是明中叶至清初；四是鸦片战争以后。每一次接触都或多或少增添了新的发展因素，使岭南建筑在创作上有较大的自由度和兼容性，但是主流还是中国式的，其深层次的文化基因仍出自中原文化这一个源头，同时又承受并接纳着混杂和渗透，最终形成独特的岭南建筑文化。

（一）东西方文化的初次海上沟通

西晋太康二年（281），大秦国（罗马帝国）派使者来广州亲善访问。同年，西天竺（印度）僧人迦摩罗来广州传授佛教，建三归、王仁两寺。东晋隆安五年（401），罽宾国（今克什米尔）僧人昙摩耶舍来广州建王园寺（光孝寺），奉敕译经。南梁普通八年（527），印度僧人达摩来广州，建西来庵（华林寺），为中国禅宗之始。这些寺院原形均已毁变，不可考，但在岭南后来的佛教建筑中仍可见印度文化的影子，如在建筑装修中常用佛教八宝的母体。莲花、相轮、卷草、宝珠、孔雀等图像多来自印度；塔的形制和式样也是印度窣堵波的演变；建筑部件的须弥座、力士、壁画、佛龛、壶门、藻井等多来自佛教的影响；佛像的雕法与摆放，庭园方池，菩提树的种植，无不与印度文化传入有关。

始建于南朝梁代大同三年（537）的庄严寺塔（六榕塔的前身），即为昙裕法师埋藏其从印度带来的释迦舍利而建的。据历史记载，在此期间，由于外族盘踞北方，文化经济中心南移，来华南的商贾僧侣或者有志于往印度求法之沙门多取道交广。历魏晋南北朝并隋唐两代，华梵僧侣，四方锱流常以广州为集散地，这无疑对岭南地区建筑的发展产生了深刻的影响。

（二）唐宋时期包容外来建筑文化

唐代是开创中西方海上丝绸之路的新纪元的重要历史时期，中国安定统一局面的出现，经济的发展，东西方政治经济形势的变化导致海上丝绸之路渐渐取代陆上丝绸之路而成为中西交通的主要通道。根据《历代职官表》记载，唐大历四年（769），一年就有40多艘外国大船来穗，尤其显示出广州作为国内最早的港口呈现出一片熙熙攘攘、商贾云集的景象。

为了征收舶税和主持海外贸易，唐朝政府在广州设立了市舶司，又置市舶使，这是我国第一个管理对外贸易的专官。来广州的外国人除了商人外，还有僧侣、留学生、使节、观光者。由于政治经济的长期稳定，外国人大批长期留居广州，被称为"藩客"。唐代政策还许可他们与唐人通婚、开店、入仕当官。为管理方便，政府在今广州光塔路一带设置"蕃坊"，蕃坊多由蕃人设计建造。繁荣的自由贸易带来了开放和宽容的社会风气，建筑形式估计多为适应他们审美心理的"蕃式"，光塔即为例证。

宋代蕃坊亦有很大的发展，蕃坊中不仅有蕃市，而且还有蕃学。根据宋代岳珂《桯史》卷十一记述，蕃坊中，"楼高百余尺，下瞰通流"，"楼上雕镂金碧，莫可名状。有池亭，池方广凡数丈，亦以中金通甃，制为甲叶而鳞次……"这些都是阿拉伯建筑和园林形制影响广州建筑的见证。

唐宋时为适应海外贸易的外交礼仪需要，还出现过海山楼（在今北京南路）和共乐楼（在今南濠街）等外事建筑。它们都建立在外商泊船的码头处，雄踞江边，楼下是外贸市场，楼上作为接待外宾、宴会娱乐的场所，市舶使也住在楼内。共乐楼高五丈，气象雄伟，为南州之冠，其建设显然是供梯航万里而来的外夷瞻仰中华文明所用的。海山楼建于北宋嘉祐年间（1056—1063），纯粹是为了满足犒劳海商的需要。按照宋朝的制度，每年十月，在海舶行将起程离港的前夕，要设宴送行，以表慰劳之意，由市舶提举司主持。宋代潘自牧《记纂渊海·广南东路》中曾描写当时内港码头的繁荣："千年日照珍珠市，万瓦烟生碧玉城。山海是为中国藏，梯航尤见外夷情。"

现存的光孝寺南汉铁塔,是我国现存有确切年代可考的最古老的铁塔,其造型深受印度建筑的影响。该塔建于北宋开宝元年(968),四角七层,全塔布满千佛,佛像有浓郁的犍陀罗(列国时代十六大国之一)的特点,檐下飞天、卷草,须弥座形式与构造等,可明显地看出它脱胎于印度。在唐宋时期,许多外国著名高僧经海上来广州驻锡传教,译经弘法,同时亦将印度佛教的庙制塔规、造像风格及宗教礼乐仪式带入广州。

不管是"蕃坊"里的建筑,还是外商船舶码头的外来建筑,抑或是传教弘法的佛塔,都是岭南地区对西方建筑的包容,它们只是作为新的建筑体系出现,而并没有和中国建筑融为一体。

(三)扩展与海禁交替时期西洋建筑的传入

元朝推崇回教,阿拉伯商人来广州者甚众,其他国家商人来华信仰回教者亦不少,回民居住区也在扩大。据元代《重建怀圣寺记》可知,元代是广州回教又一兴旺时期,元人陈大震在《南海志》中指出,元代广州的驿馆有二:一是设在蕃巷的怀远驿;另一是设在冲霄门外的来归馆(在今广州文德路工人文化宫附近)。宋代的共乐楼在这时亦改名为远华楼,有怀柔外来客商之意。

明中叶至清初,沿海遭受到两股外国势力的侵犯(来自日本的"倭寇"和西方的"蕃舶"),抵抗和海禁又反复了多次,嘉靖二年(1523),朝廷罢福建、宁波两市舶司,只留广州市舶司,也就是"一口通商"。明清相当长的一段时间,广州成为我国唯一的通商口岸。朝廷一方面想通过广州的外贸来增加税收和满足上层消费生活需要;另一方面又害怕动乱,因此只好采取限制政策,不允许外商进入广州内城。在此期间,中国封建社会已走向晚期,与西方资本主义文明相比已暂时落后,但独尊自大的心态还是很强,对西方建筑的传入,在抵制中兼有好奇。

据《明史·佛郎机列传》载,西欧最早直接来广州交往的是葡萄牙人,明正德年间(1596—1521),葡萄牙人依仗其先进的炮舰,强行闯入东莞和广州,"久留不去","筑室立寨",遭明兵击退后,则采用贿赂官员的手段,租占了蚝镜(澳门),于嘉靖三十二年(1553),在中国建立了第一块殖民地。葡萄牙人在此大兴土木,按西方建筑形式建"夷城",雄踞海滨的城墙高耸,炮台林立,城内洋楼夷馆成片,开了西欧建筑输入中国的先河,影响甚大。

明崇祯十年(1637),英国人开始依仗其"巨舟大炮"而"招摇"广州。此后经过多次与广州地方官员的较量，终未能实现其侵略野心。只能在朝廷控制下的十三行范围内经商。

（四）崇洋与外国建筑形式大规模传入时期

鸦片战争后，中国封建社会已腐朽没落，民族自尊心亦趋于崩溃，几千年来传统的木结构体系和古老的形式受到西方建筑文明的挑战。因此随着较大规模的西方建筑的传入，广州的城市面貌随之改变，半殖民地建筑成了广州建筑的主流，临大街建筑大多西化，小巷民居虽仍保持着传统竹筒屋的形式，但新开发的城区则开始了大片建造洋楼。近代广州建筑形式受外国影响最大的是宗教建筑、纪念性建筑、公共建筑和沿街商位建筑（骑楼）。广州一德路的圣心教堂（石室），建于1863—1888年，是第二次鸦片战争结束后，清政府作为赔偿，按法国水师总督谷芳德、法国会理华洋政务总局正使司大努安与粤总督劳崇光签订的不平等条约在租地上（被军炮轰毁的两广总督府旧址）建造起来的，其设计与最初领工均是法国人，后由揭西工匠总管建成。其建筑形式完全是法国哥特式建筑的移植，是巴黎圣母院的模仿版。教堂属罗马系派天主教，由礼拜堂、传教士住房、习教学校、普济医院和育婴堂等组成，建筑规划富于理性，体现了西欧文艺复兴以来的人文主义思想；结构为石砌拱肋砖穹窿，用飞虹作斜撑。拔地而上的两端尖塔，高达58.5米，强劲的扶壁上布满蓬勃向上的尖亭尖阁，轻灵的垂直线条象征着天国的美好，表现了法国哥特式建筑艺术的壮丽辉煌。

1834年以后，英国已成为世界上无与匹敌的霸主，强制对广州推行鸦片贸易，最终在1840年爆发了鸦片战争。据中国战败后所签订的中英《南京条约》，广州成了任由西方国家横行的商埠，他们在广州开商馆、设船坞、建教堂、立银行。随之西方国家又发动了第二次鸦片战争，并于1857年占领了沙面（原为拾翠洲）。1859年强租沙面，把东部定为法租界（53亩），西部定为英租界（211亩），开始在这里建造楼房商馆。据《南海县续志》云："咸丰九年，运石中流沙填海，谓将建各国互市楼居也。"这里就成为外国人控制下的新"十三行"。英国、法国、美国、西班牙、葡萄牙、日本与荷兰等国都先后在这里设立商行。沙面租界工程于1870年基本竣工，其布局、绿化、道路和建筑形式均为外国的翻版。这里环境幽雅闲适，维多利亚酒店（今胜利宾馆）装饰堂皇，西方古典主义外表端庄凝重，古典柱式，券拱门楼，山花雕饰等均再现了当时西方的建筑情调，也是侵略者在被侵略国土上的自我炫耀。不过，这些建筑也无疑丰富了中国建筑创作的思路，增添

了建筑设计的词汇，特别是钢筋混凝土和玻璃的传入，以及建筑设备的科学化，的确对中国建筑的发展起了推动作用。

广州沿街骑楼式店铺是在近代发展起来的一种特殊建筑形式，它的初胎可能是南方为防雨、防晒所形成的檐廊（粤北、湖南、四川均有）。西方联拱柱廊（券廊式）的传入，结合城镇交通、安全、买卖等功能的需要，而创造了这种富有岭南特色的建筑形式。骑楼建筑是商住合一的店铺，平面基本保持了传统的"竹筒屋"形式，前店后居，或下店上居；而券廊式的引入，则带来了立面上的变化。沿街立面以垂直构图为主，并出现了许多中西拼合的装饰手法。古希腊罗马柱范、阿拉伯之穹顶、哥特之塔尖、巴洛克之曲线、西班牙之窗户、意大利之钟楼，也有中式的满洲窗、宝瓶如意纹饰……充分显示出民间建筑创作的不拘一格，其意趣盎然，别有风情。沿街望去，杂列相陈的冲撞与调节，自在生动，令人目不暇接。

广州在唐代已有人沿海上丝绸之路到南洋和西亚侨居。鸦片战争以后，在输入鸦片的同时，还输出了劳工，据《华工出国史料》统计，仅在清道光年间（1850—1875）就有 128 万华工被拐骗出国。另外还有不少华侨是出外经商和留学的，遍布世界各地。这些海外赤子带去了中国文化，也带回了外国文化。华侨回乡建房，也常把西方建筑技术与艺术带了回来。花县（今花都区）坪山戴庐（读月楼），就是 1926 年美国旧金山某华侨按西式建筑建造的，高五层，钢筋混凝土框架结构，顶层有四角炮楼，中有尖塔顶，用梯间并联式平面，俨然西欧寨堡风情。在广州东山市郊建造的华侨住宅，不论在平面空间上，还是在外表造型上，多数是西化了的。随着海上交通的逐渐发达，外国有什么建筑形式，广州也很快地出现这种形式。古典复兴式、浪漫主义式、草原式、西班牙式、西亚式、现代派、中西合璧式，应有尽有。可以说，西方建筑文化已经开始直接参与到广州近代建筑的演变中。①

二、岭南建筑文化源流

岭南因崇山峻岭阻断、地势坑洼，又多瘴疠之气，在传统中国社会中便成为化外之地，少数民族杂处其间，农耕、渔猎自足，农业发展长期滞后。岭南自古便成为贬谪的经常去处，韩愈有诗《左迁至蓝关示侄孙湘》云：

---

① 邓其生、曹劲《广州古代建筑与海上"丝绸之路"》，《广东经济》2003 年第 1 期。

一封朝奏九重天，夕贬潮阳路八千。
欲为圣明除弊事，肯将衰朽惜残年！
云横秦岭家何在？雪拥蓝关马不前。
知汝远来应有意，好收吾骨瘴江边。

岭南落后、闭塞的情形，从这首晚唐的诗句中便可以窥见一斑。

也正是得益于疏于传统中央政权的管束，岭南的建筑文化开端便是自我生发。由于岭南气候潮热、多蚊虫猛兽，百越族群聚居于此，产生了多样的建筑形式。在相当长的时期内，半地穴式、地面式、干栏式建筑形式共存，后来发展成为以干栏式为主要特色的建筑形式。这一形式成为岭南建筑文化中的重要枝干，延续发展。

至始皇灭六国、平岭南、设三郡，岭南在政治上开始正式进入中央政权的统属。这一举措促进了岭南地区的文明进程与发展，中原建筑文化也开始在岭南地区传播。任嚣与赵佗在岭南筑城墙、造楼阁，砖石、瓦片开始在岭南建筑中出现。岭南建筑的传统材料得到极大的丰富，岭南建筑文化呈现出井喷式的发展，南越国都便是明证。

这一时期，中原与岭南相较而言，中原建筑文化属于高势能文化，岭南建筑文化属于低势能文化，所以岭南建筑文化呈现出一种迅速接收、转型的态势。然而，这种状态并不能忽略岭南建筑文化的自身的独特显要的地方。正如南越国，其文物典章虽多沿袭中原仪制，建筑材料与建筑形制上也接续中原，但是岭南同时也并未摒弃自身建筑文化中的成熟选择，岭南风格依旧在此后的兼容过程中存续发展。

近代对于岭南建筑文化而言，可谓至关重要。因为岭南临近海洋，水上交通发达，自丝绸之路兴起，国际贸易交流频繁，岭南的位置越来越重要。明代，中国与西方海上贸易成为岭南早期西洋建筑文化传播的直接原因，嘉靖三十六年（1557），葡萄牙人获得在澳门的永久居住权，岭南便开始了接纳西方建筑文化的过程。这一过程远远早于1840年后晚清其他海岸城市接纳西方建筑文化。可能在此之前，中国境内存在有西式的宗教建筑与居所，但在传统中国，西方的宗教建筑只是一种单一的载体，而并未作为一种完整的建筑文化输出。那时的番人居所，也大都是提供给过往的客商作为暂时的居住地，它们的留存是短暂的。澳门城的建筑则完全不同，葡萄牙人在此地兴造的是一个完备的、系统的居住场地，并且这一过程从一开始就没有中断过，一直延续并不断向外扩散发展。后来借助西风东渐的力量及帝国主义侵

略的影响,岭南建筑文化再次受到西方建筑文化的侵浸,岭南建筑文化与西方建筑文化开始互相角力、互相影响,更趋多元化。正是这一过程,使得岭南建筑文化变得更加独一无二。骑楼正是岭南建筑文化与西方建筑文化交融的代表作。骑楼的早期原型便是殖民地外廊式建筑,作为一种城市街屋模式首先在新加坡、中国香港等英属殖民地出现。后来这种建筑形式在城市的推广运用中,结合了广州竹筒屋的特点,经过逐渐改良最终形成骑楼。在建筑特色上,骑楼又处处显现出岭南建筑的传统特点。

随着西方文化入侵的强劲势头,近代建筑人在特殊的时代背景下,为岭南建筑文化的发展费尽心力。他们从被动接受、全力植入西方建筑形式,或回归古典,到最终自我尝试,融通中西。他们的设计和建筑,极大地丰富了岭南建筑文化内涵,也拓展了"岭南建筑学派"的融通求新的性格。这一性格一直影响了之后一代代的岭南建筑人,时至今日。

岭南建筑发展的文化背景。上面已从地理环境和气候条件方面简单介绍了岭南,这仅仅是其发展中的自然特性。与中原文化相比,岭南文化发展不平衡性尤为突出,民族之间的融合影响着岭南文化中的建筑文化的发展,因此其人文特性也值得深度认识。

不断汉化的历史环境。岭南先民属百越民族,在漫长的史前社会及先秦时期,早已与岭北有着文化交往。在春秋战国时期,岭南的社会生活和文化状况远远落后于中原和楚、吴、越等地,直到秦始皇征服岭南时,这里仍是一片尚未开发的蛮荒之地,不仅地广人稀,而且部落分散,互不统属,大部分南越族人仍过着火耕水耨的农耕与渔猎并行的原始生活。秦统一全国后,大批中原人进入岭南,改变了岭南的人口结构,带来了中原先进的农耕技术和一整套文化教育制度,开始了开发、改造岭南的历史。以中原文化为主的岭北汉文化的大规模融入促使岭南社会进入封建社会和大一统的中国版图。东汉建安以后,中原动乱,战祸不绝,大批中原贵族及平民涌入岭南,加速了岭南开发的历史进程,也促进了民族之间的融合。文化相对落后的南越族,不断趋于汉化,南越本土文化也在不断淡化,终于为汉族文化所取代。明代嘉靖年间编撰的《广东通志》载:"自东汉建安至于东(西)晋永嘉之际,中国之人,避地者多入岭表,子孙往往家焉。其流风遗韵,衣冠气习,熏陶渐染,古习渐变而俗庶几中州。"大致说来,岭南自两晋以后,除数量不多、僻处于深山峒溪的南越族人因主客观的种种原因而没有接受汉文化,发展成今天的少数民族外,绝大部分南越族人已经汉化。

三、岭南建筑特征与表现

（一）岭南古建筑

古代建筑从时间的界定来看，就是封建社会时期建造的建筑，其中可以分为官方建筑和民间建筑。

官方建筑大多由官府所建，这些建筑都是按照官府所规定的营造法则和形制所建，已经程式化。例如，黄瓦红墙是皇家建筑所特有。这些官方规定的建筑形制不仅仅体现在中央集权所在的都城，在各郡县也如此。此外，官方建筑除了宫殿、坛庙、陵寝、衙署以外，大型宗教场所如佛寺、道观的建筑整体构造都有相应的规定。因此，这类型的建筑，各个地方几乎都是一样的模式，大同小异，地方特色比较少。

因而，岭南古建筑的特色主要体现在民间建筑上。其中最为普遍的是民居，这是老百姓生活生产最基本的条件。此外还有供祭祀天地、祖先所建设的祠堂、家庙，教育后代所建的书院、家塾，以及一些仓廪、牲舍等。在城镇中还有会馆等建筑，这些建筑就具有很浓厚的地方特色。

民居在岭南基本上分为三种类型。一种是在粤中地区，属于广府民系民居，其居住模式基本上是三间两廊形式。在农村中则采用双孖屋，并列并用巷道联系布置，这种布局称为梳式布局，因其布局形似古代木梳而得名，是一种村落建筑布局，并带有明显秩序和规律的村落营造方式，典型的代表村落有三水的大旗头村、花都的塱头村和高溪村，这种民宅通风特别有利；在城镇则为竹筒屋形式，表现为窄面宽、大进深，多重院落的平面布局形式，这种形式的民居能够很好地解决人员密集用地紧张的问题。第二种是潮汕地区民居，基本上是沿袭中原以天井为组合的三进院落式民居。这种民居两旁各带一列或两列垂直型横屋，用狭长天井联系，是一种密集式民居。这种民居平面组成接近方形，其通风系统良好。同时因潮汕地区沿海，这样的民居在抵抗台风、地震方面也很有利。第三种是粤东北客家传统民居，是三进三间院落式，两侧加横屋，正中为客厅，厅后为祖堂的民居形式。此外，在室后再加半圆形杂用围龙屋，前为半圆形水塘，其功能一是全族人住在一起，防御性强，二是可以防北方寒风。

此外，岭南地区的民居除了三间两廊单座式外，有的富裕户宅还带有小型庭院，称为宅园。有的宅园位于住家两侧，或在前后，或与宅并联。有的

住户带有书斋，宅斋并连，或宅斋园三者合一。有的庭园大的内设假山、池水，遍栽花木。

综合以上来看，岭南民间建筑特征有四点明显的表现：一是以天井庭院组合建筑，平面实用，组合灵活，室内外空间联系密切；二是外封闭、内开敞，建筑布局适应气候、地貌，创造了以天井、厅堂、巷道三者民居通风体系；三是造型规整朴实，室内是带有浓厚地方特色的装饰装修；四是宅居带有庭园、书斋，建筑结合自然，水、石、船厅、廊、桥为其必不可少的组成要素。①

（二）岭南近代建筑

近代建筑的界定，以1840年鸦片战争为开端，到中华人民共和国成立为止。在这个时期内，由于社会的发展、变化，封建制度消亡，近代资本主义社会兴起，在建筑上也有所体现。岭南地区因为地处东南沿海，地理上交通方便，对外交往较早，形成了许多有异域特色的建筑。

岭南近代建筑特征主要体现在两方面：一是开放性与创造性。岭南传统民居中三间两廊和三进天井院落密集式住宅到了近代发生了明显的变化，产生了创新式的住宅模式，如骑楼住宅和庐宅、碉楼。骑楼是因为商业需要而产生，将传统式前店后宅和下店上宅的住宅模式调整为下店上宅、多层骑楼式住宅模式，是典型的岭南近代城镇住宅模式的一种创造。庐宅、碉楼则是侨胞将国外的建筑风格和当地民居融合的建筑，它们的平面来源于传统式三间两廊平面的变化和发展。庐宅和碉楼的不同之处在于，前者是独户使用的，富裕者按照自己的生活需要进行近代化设计，增加了客厅、饭厅、公共卫生设施，并增加了楼层，加开了窗户，取消了天井。同时对房间形状也作了调整，外观也增加了阳台。后者则为防御所需。碉楼为多户共建，其平面为四室一梯间，为四户共有，底层贮备粮食、木柴和炊具，并挖有一口水井。二层为四户家属，各占一室。三、四层为四户青壮年住宿及瞭望用，四层各角还设有瞭望哨或碉堡，其目的是为自卫和射击用。二是兼容性。受西方建筑设计思想的影响，岭南近代建筑在细节设计上，如廊、柱、窗和雕塑上增加了许多国外的元素。

---

① 陆元鼎《岭南人文·性格·建筑》，中国建筑工业出版社2005年版，第54页。

第二章
早期岭南建筑

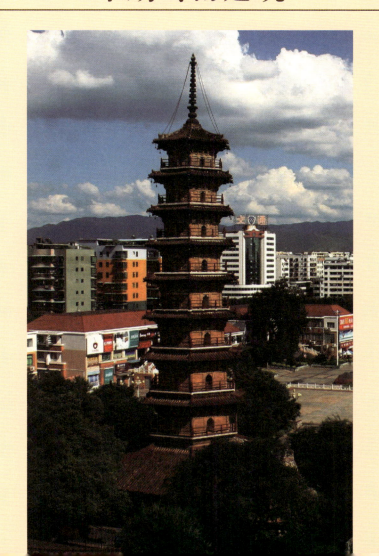

第一节 早期岭南建筑概述

一、早期岭南建筑特色

岭南历史悠久，在旧石器时代就有原始先民"磨刀山人"依穴而居，到新石器时代早、中期仍旧以洞穴为居所。直到新石器时代晚期，岭南人的居所发展到半地穴和地面式，广东石峡中文化层、金兰寺中文化层以及珠江、韩江等流域的广大地区贝丘遗址等遗址，共同反映了这一发展趋势。[①]

在早期岭南建筑整体空间发展的进程中，每个阶段都保存着各自的差异性，也有其自身的整体性特色。

（一）孕育于山海之间、源远流长的地域传统

岭南背依南岭，面临大海，这种既封闭又开放的地理位置和地域特征，孕育了百越民族的航海文化和农耕文化，山、海杂糅交蕴，可以说是岭南地域文化的重要特色。此一地域传统的产生，从石器时代开始即已展开，以孤峰洞穴及巢居为主的岭南原始先民即以虚实的山岭空间展开了地域建筑文化的建构，并到新石器时代中期纳入了海洋的因素，而逐步形成海岛与内陆对比鲜明的文化分野：在粤北地区以农耕经济的山冈聚落为代表；而在三角洲地区则形成海洋文化的贝丘和沙丘聚落，两者看似独立，却又互相关联。此一空间格局前后延续数千年，岭南先民总是以基本独立的姿态向前发展，勇敢面对自然与社会环境的挑战，在不断拓垦的生存考验中积累经验，因地制宜地创造出多姿多彩的兼具实用与艺术的营构原型。总体而言，这一具有岭南地域特色的文化原型，一方面透显着早期聚落与建筑顺应山林地理、崇尚自然的、朴素的环境智慧和建筑哲学，契合当今生态保育的观念，同时也杂糅了自新石器时代就已经呈现的海洋文化特征，从而发展成为至今还影响着岭南人的崇尚自然、追求自由、善于应变的思维和价值取向。孕育于山海之

[①] 李权时《岭南文化》，广东人民出版社1993年版，第467、468页。

间的地域建筑于是成为岭南早期空间文化中最为重要的显著特色，不仅让岭南的建筑发展透显出鲜明而不驯的特殊性，也使之在往后接触来自中原发达文化的影响过程中，不至于因全盘的汉化而全然失去了文化的主体性。事实上，岭南建筑的发展虽曾因社会政治经济和文化的变迁而呈现出阶段性特征，但岭南建筑的地域特色并未消失，反倒成为不同阶段建筑特色形成的重要催化剂。

（二）兼容多元文化的开放性

早期岭南文化虽然具有强烈的地域特质，但从整体而言并非一种整齐划一的保守状态，而是呈现出开放的态势。岭南建筑文化虽然发轫于粤北孤峰洞穴之中，却已逐渐萌发出迈向新时代的、向广阔海洋吸收经验的企图，从而打破了自身建筑文化发展的局限性。此种趋势到了秦汉，甚至更早，又受到来自中原的影响而变得更加强固。秦汉朝廷对岭南的武力征伐虽属政治范畴，却在无意间促成了岭南文化与中原、荆楚等文化的因缘际会，岭南文化因而具有了更为多元的内涵和外延。以内涵不驯为主体的岭南传统地域文化具备了对外来文化进行比较、反省、吸收和创造转化的潜质。岭南建筑文化随之在百越文化的基础上，不断吸收中原、荆楚、吴越、闽赣等地域文化的精华，融会贯通，将之深化而纳为新一阶段地域文化的重要内涵。这就难怪，早在沙丘聚落的吴家园夯土建筑遗址和石峡文化的木骨泥墙长屋中已发现中原建筑文化的痕迹，日益由山冈迈向海洋的岭南地域原型传统，在秦汉武力还未攻伐前，早就以开放的姿态面对来自于各方的影响了。故岭南文化能在秦汉时期中原文化全面进入以后，在自身文化转型的基调上，与发达文化交汇而产生出新一阶段具有开放主体性的深刻建筑文化。这种具有积极主动性及宽容性的地域建筑文化，又在秦汉以降更具有发达的海洋文明的特质。面对多元文化，保持宽容但又具有反省转化的开放性，成为岭南地域建筑文化的重要特征，在历史上一次又一次的自我重构过程中，发挥着让岭南建筑文化散发无穷魅力的关键影响力。

（三）务实因应社会政治转型的嬗变作风

岭南早期建筑虽具有杂糅山海的总体性特质，却非一成不变，而是在一定地域性的基调上，随着社会历史的变迁而展示其不同阶段的特色。故而，旧石器至新石器早期，原有以孤峰洞穴兼纳巢居的建筑文化，新石器中期以

降，便陆续转化为山冈定栖与丘海为家的建筑文化表现，步出洞穴、登上山冈及迈向丘海不仅意味着从游猎采集到农耕与渔捞之类生产方式的转变，更指涉了政治社会的重大转变。其后，岭南政治社会日益向更为复杂的方国阶段迈进，并相应产生了"青铜镇国"的建筑文化，从而预告了皇权入侵岭南后空间的可能性发展。故秦汉之际政治社会的巨大变革，不仅促使了中原等外来文化的大量输入，同时也催发了岭南建筑文化的飞跃式发展。这是一段政治社会影响力日益增强的建筑文化发展历程，特别是到了秦汉时期，来自政治社会的制约性影响明显已超过了自然物质因素所产生的限制，岭南文化务实地把握了历史巨变为自身所提供的巨大重构契机，因应着政治社会的变化而迅速地进行自我的提升和转型，在短时间内迅速吸收了中原文化的精华。这不仅催发了建筑文化突飞猛进的发展，更建构出了建筑文化转换的自我再生机制。岭南早期的建筑文化因而展现出一种务实且因应政治社会转型的嬗变作风，其往往从适应社会生活的实际面出发，随着时空条件而变化，体现出新一阶段政治社会的特殊性。换言之，早期的岭南建筑文化具有与时俱进的总体特征，乃是空间时间务实性，适应性与创新型的综合表现。

　　总而言之，孕育于山海之间、源远流长的不驯地域传统、兼容多元文化的开放性以及务实因应社会政治转型的嬗变作风，可说是从旧石器时代以迄秦汉时期岭南早期建筑史上最为典型的文化特色表现。其中，后两者早已是学界对岭南建筑文化特色的共识，而早期建筑的研究使我们可以看到，这些特点实际上在很早以前就已初露端倪，并持续成为岭南地域文化在不同历史阶段展露出总体异质的重要历史根源，以至岭南建筑发展至今日，仍有迥异于中原等其他地域的鲜明特色。

　　20世纪80年代以来，岭南考古取得了丰硕的成果，首先是早期聚落遗址的不断发现，随着河宕、村头、石峡、宝镜湾等大型聚落遗址的发现和发掘，我们得以在聚落考古的理论框架下展开对早期人类居址的进一步研究，对山冈遗址、台地遗址，尤其是沙丘和贝丘遗址的聚落形态特点的认识得到不断修正和深化；其次是随着科学技术的进步，已往发掘中常常被忽视的早期建筑遗址被纳为重要的考古发掘对象，房屋遗址的寻找和考察成为有意识的工作重点。自史前至两汉之间，从半地穴式建筑、地面式建筑，到滨水和山地的干栏式建筑，从数十平方米的小型居址，40多米长的木骨泥墙长屋，到南越王的宫殿苑囿，都有令人惊喜的发现。

二、远古至先秦时期岭南建筑

（一）旧石器时代的洞穴居、巢居

迄今为止所发现的最早岭南先民是磨刀山人，年代和北京人大体相当。磨刀山遗址是其生息之地，是岭南最早的人类建筑遗址。封开人和马坝人也是比较早的岭南先民。英德宝晶宫溶洞、阳春独石仔洞穴、封开垌中岩等遗址的考古发现，证明除了郁南磨刀山人、封开人和马坝人之外，粤北、粤西也有住在山地洞穴中的先民。古人类学把旧石器时代的原始人类分为猿人、古人和新人三个发展阶段。而岭南洞穴作为最早居住雏形的出现，与当地的古人和新人有密切的关系。

2012年11月至2013年1月，在广东云浮南江中游地区发现60多处人类旧石器时代的露天遗址，如从磨刀山遗址采集到的石镐和石斧等人类石制品，数量以手镐为最，其次为砍砸器、刮削器，总数接近300件，初步估计其年代至少在50万年前，比马坝人早了数十万年，与北京山顶洞人属同一时期。这是岭南地区最早活动的先民。

1958年广东省韶关市马坝乡岩洞发现了"马坝人"的头骨，这是岭南乃至华南地区发现的较早的古人类化石。马坝乡狮子山是一个石灰岩山，东北距马坝乡马坝圩约1.5公里，山的北三面约1公里，有一砂石底的马坝河横贯其间，东与二叠纪砂岩、页岩所组成的泥岭山相连，南、西、北面为现代冲积地层。狮子山由两个石灰岩的孤峰即狮头峰和狮尾峰组成，狮头峰岩层倾向南，海拔120米，相对高度60～70米，相对高度25米以下，有三层溶洞，该人类头骨化石被发现于溶洞北边的东西向裂隙中。"马坝人"是猿人演变到古人的重要环节，其颅骨变薄，额骨凸起，上颌骨已不像猿人那样向前伸出，这是不断繁衍的猿人原始群体体质形态逐渐进化的结果。马坝人活动能力相对猿人有所提高，反映在对石制工具进行了重要变革。考察遗物可知，这时期石器的加工，是在原来直接打击和碰砧的工艺基础上创造了交互打击的方法，从而制作出单刃和多刃的砍砸器。这时期的石器还发现有较大的厚三棱形、小的尖形以及多边形、圆形的刮削器，标志着此时已进入旧石器时代的中期阶段。根据马坝人所选择的环境以及洞穴中其他动物的化石可推测出，所在地域山林茂密、水草丰美、有充裕的动植物资源供给，从而推断出这一时期的原始人群有所增加，集体居住在自然岩洞里。

新人——山地穴洞先民。从4—5万年前以后开始，人的脑量有所增加，脑机能也更趋健全，骨骼发育已接近现代人。古人类学研究显示，这时已进入新人阶段，或称晚期智人。在中国，新人遗骸、遗迹也有较多发现，在岭南地区也不例外。

广东独石仔洞穴遗址位于广东阳春市城北30公里处。独石仔是云雾山脉的支系，为二叠纪沉积的石灰白云岩，岩粒细，岩层较厚，纹理清晰。独石仔洞穴仔山的东麓，高出当地河水面10米，洞口开120度。这是一个裂隙溶蚀形成的高15米，宽2～8米，深40米的山洞。洞穴两端较高，中部稍低，面积约200平方米。单次发掘，共得遗物400余件，动物化石千余件，共获得了石器、骨器等遗物，发现了人牙1枚、哺乳动物化石20种。经鉴定，人牙是智人（新人）的臼齿，属于一个青年个体。

独石仔洞穴遗址示意图

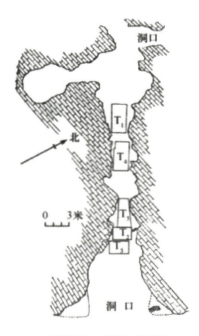
独石仔洞穴遗址平面图

垌中岩遗址在广东封开县渔涝河区河儿口村黄口山北面。岩内堆积层中发现一批哺乳动物化石和一枚人的牙齿化石，经鉴定，这枚牙齿的形态与现代人牙齿的特征基本一致，应属晚期智人。

(二) 新石器时代聚落——干栏式建筑

约距今一万年以前，岭南进入新石器时代。此时先民的生产方式由狩猎、采集扩大至渔牧农耕，生活区域扩大至江海之滨以及平原、丘陵地带，出现了适于定居生活的半地穴式、干栏式等房屋建筑模式。从新石器时代中期开始，岭南的远古人类在粤北山岗地区不断发展，营造出丰富多彩的史前文化。山冈定居只是新石器时期岭南聚落空间发展的一部分，其中另一些氏族部落，则开始逐步走向海洋，探索更广阔的生活领域，从而创造出了岭南地区最富有特色的沙贝和沙丘聚落遗存。

山冈聚落。新石器时代的到来恐怕是迄今为止人类历史上最具有决定性意义的大事件。该时期基本上是以原始农耕、畜牧、定居、制陶、磨制石器及钻孔技术为主要文化特征的。大约在公元前8世纪岭南就进入新石器时代早期，先民在长期的生产实践中掌握了磨制石器和烧造陶器的新技术，因此生产力发展加快，利用和征服自然的能力也逐步提高，出现原始农业并且开始定居。岭南先民走出洞穴，在山冈间选择地势平坦、土

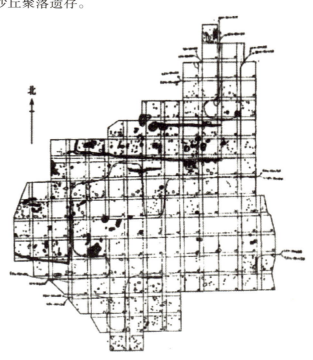

石峡遗址平面图（据考古资料改绘）

地肥沃的地方建造住房，加上石器技术的提升，使得他们盖起了半地穴式和木构的房子。山冈聚落中较有代表性的遗址是位于广东省曲江区马坝镇西南2.5公里处的石峡遗址，总面积约3万平方米，已发掘面积达4 000平方米，遗址内发现有房址、灰坑、陶窑和墓葬等遗存。考古学家还在此发现了至少两座女骨泥墙房屋及大量灰坑、柱洞、灶坑和有用火痕迹的红烧土堆等与居

住行为有密切关系的遗存。① 房屋进深8.6米，残长40.7米，内有间隔，有围护结构的木骨泥墙，为纵架构承重、茅草覆顶的聚族而居的集体性屋舍。

另一个具有代表性的就是广西晓锦遗址。晓锦遗址位于广西最北面越城岭西麓资源县延东乡晓锦村后龙山上，为一处山坡遗址，地势较低矮，为低山丘陵地形，其间有一条呈南东向发育的洞溪汇入资江。该遗址就分布在阶地边缘的土丘和边坡上，海拔约600米，相对高度约30米。因地形地貌的关系，境内小气候复杂多样，具有明显的山地气候特征。出土大量柱洞、灰坑及水沟，共发现10座房址，展示了原始聚落遗址的风貌；加上制陶窑场和墓葬，涵盖了生产、生活的多个方面。从遗址现场看，当时的建筑属于干栏式房屋。因为此时的建筑技术还比较原始，尚未形成上下对应的穿斗木构体系。房址的形状、结构不十分明显，一般建在地势比较平缓、坡度较小的平地上。柱洞分布凌乱，基本不见居住面，可辨的房址形状有长方形、圆形、椭圆形，其面积多数较小，直径约3米多。柱洞分布疏密不一，有的房址中部也分布有柱洞，有的房址旁边有排水沟。主要的形状有圆形和方形，个别柱洞可见中间木柱腐烂后残留的痕迹。

在地面上挖洞埋柱替代天然木柱，这是一种完全的人工构筑行为，建筑性质发生了改变，是真正意义上的干栏式建筑了。它的出现意味着人类已进入主动创造并掌握建造房屋技术的阶段，不再局限于茂密的森林地带，而是伴随着原始农业的发展和定居的需要，到山冈和平原地区寻觅开拓更广阔的生活领域了。

晓锦遗址干栏式房屋复原图

为了寻求食物来源和生存发展空间，岭南先民从洞穴走向河流附近的山冈台地，再沿着河流走向江河海洋。据考古资料显示，在距今4 500至3 500年的新石器时代晚期，无论是在珠江三角洲腹地还是

---

① 曹劲《先秦两汉岭南建筑研究》，科学出版社2009年版，第65页。

在沿海地区，都发现了数量众多的史前遗址。随着考古技术的不断进步，在贝丘和沙丘遗址中，房屋建筑遗存不断被发掘出来。建筑的形态除了滨水干栏、坡地干栏、木骨泥墙的地面式居址，还发现了夯土房基的大型建筑。

广东高要茅岗贝丘遗址面积达 20 000 多平方米，坐落在广东西江下游西岸，西距高要县城 34 公里，东距广州市 62 公里。茅岗是一座高出地面 40～50 米的山冈，因过去岗顶长满茅草得名。根据地层堆积分析，当年那里都是湖泊沼泽地带，那些木构建筑，便营建在湖泊、沼泽之上。茅岗遗址的建筑结构虽然简略，却已使用各种木材加工工具以营造房屋，建造技术比以前有了很大进步。当时的先民不仅使用石斧等砍砸器械来采集材料、制作构件，更使用石凿这类细加工工具配合其他工具以处理榫卯，从而让初步的

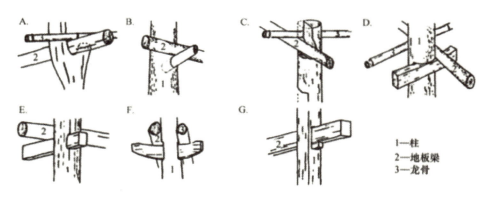

地板梁与柱联结构造的几种类型
（引自杨昌鸣《东南亚与中国西南少数民族建筑文化探析》）

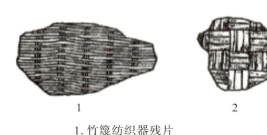

1. 竹篾纺织器残片
2. 草席残片

左：茅岗遗址篾片
（引自杨豪、杨耀林《广东高要县茅岗水上木构建筑遗址》）

右：黎族粮囤"竹笪"细部
（引自陆琦《广东居民》）

穿斗式架构得以组成；同时，他们也懂得屋面防水和竹篾围护的方法，以让居所变得更为舒适和安全；最为特别的是，当时先民显然已知顺应地势、流水的特殊地理条件而施行植柱打桩之法，而让房子即使位于水泽之中，也能稳固地立于天地之间，从而为水上定居提供了可能的技术基础。这种远古的干栏式建筑在岭南有着顽强的生命力和悠久的历史。在今天，还有很多此类房屋。

水上棚居和渔猎为主的经济结构，在岭南延续至近代，如水上聚居的"疍家"，又称"疍民"。据陈序经《疍民的研究》记载，其栅棚"后面接近堤岩或矶围，全部基础都用杉木插入河边沙泥中，普通高出水涨的最高时一尺左右。故在水涨时，从远处看去，好像是浮在水面一样。"其结构和构造"多用杂木建造，地板厚约五分，屋顶有用瓦的，也有用松树皮或白铁片的。墙分两层，内层用杉树，外层多用松树皮。栅棚作长方形，普通长约两丈，广约一丈，多分为四部分。"；"最小的栅长仅五六尺，阔三四尺，高不过四五尺"，体现了疍家是以最刻苦、实用的法则为自己在水上世界营构定居空间的努力。从茅岗遗址中的遗存看来，其栅棚结构基本和疍民居住的栅棚相同，建筑平面呈长方形，屋顶用树皮板铺盖，其建筑平面长逾两丈，高亦及四五尺。棚面也分成两部分，呈台阶式。整个栅棚无论就形式、格局而言，都基本符合当时人类水上生活的需求。

水上栅居复原图

宝镜湾遗址位于珠海金湾区南水镇高栏岛西南部的宝镜湾，是一处沙丘连山岗遗址。宝镜湾遗址在1997—2000年间进行了多次发掘，出土了大量新石器时代晚期至商周时期的陶器、石器、玉器和水晶器等遗物及居住遗迹。在已发掘出的500余平方米范围里，发现了大量与住房有关的柱洞，由于该遗址的延续时间较长，同一地方反复多次建房，要分辨当时房屋的结构和形状比较困难。虽然不易辨认，却可从遗址延续的年代判断，这个地点在一个相当长的时期内有人类居住。

在宝镜湾遗址发现的岩画中的房屋遗址是这一时期住房的形象刻画，或可使我们对这一时期的干栏形象有初步的认识。它能够明显地反映出干栏式建筑的主要特点，屋身下有座，座较平，下有四五根支柱，柱下可见到虾类等生物的图案，是对所处海洋环境的描绘；屋顶为斜坡式，屋檐上挑，上有云纹装饰，屋身较高，墙面呈网格状，也许是编织的围护材料。

从考古发现的柱洞和岩画以及当地的地形环境来看，这些先民的居住地主要是在坡地上。遗址的相对坡度达到21度。在该遗址发现了与房屋有关的柱洞，但未发现踩踏居住面，这为坡地干栏式建筑的存在提供了有力的证据。① 坡地干栏因其适应地形、防潮、避野兽虫害、避洪水、省材易建的特点而成为岭南新石器时代重要且普遍的建筑样式。

东莞村头村遗址（陆上建筑）位于虎门镇村头村西的大山园，面积约10 000平方米，是广东境内最大的海湾型贝丘遗址，在遗址中清理出平底起建的圆形或方形圆角房址10多座。房址有两种形式：其一是方形圆角房基。房址有数个柱洞，分置四角和中部，由此分析屋顶可能是四面坡。房址面积20平方米左右，南面设门道。房屋地面用较为纯净的黄褐色砂质黏土铺垫，厚为5～10米，还掺杂少量碎陶片。其二是圆形房基，房基直径3～3.5米，面积约10平方米。周边有柱洞，可能是攒尖顶式样式。由于房子内不见倒塌堆积，墙体可能是用茅草编织而成。

"向海性" "在海性" 和 "环海性" 是沙丘和贝丘遗址聚落的典型空间性特征。

（三）青铜时代定居聚落

约在距今3 500年前，岭南进入青铜时代，约相当于中原的东周后期，岭南地区的越人已建立了一些土邦小国。西汉贾谊《过秦论》言："百越之君，俛首系颈，委命下吏"，意指秦军占领南越时，已有很多部落小国或者酋邦存在，被秦军一一攻破后，立为郡县。② 这个时期已出现面积较大的定居聚落，如东莞村头、珠海宝镜湾等，这些重要遗址应该是区域性的中心聚

---

① 曹劲《先秦两汉岭南建筑研究》，科学出版社2009年版，第114页。
② 曹劲《先秦两汉岭南建筑研究》，科学出版社2009年版，第145页。

落，不仅有木骨泥墙长屋或干栏式的居址，还有居住区、公共活动广场和墓葬区的划分。岭南成为百越族群开始组构雏形邦国的聚居地，从青铜文化的发达程度来推估，约相当于东周后期。广东地区的越人已建立了一些土邦小国，其中多数国家形态可能还没有发育得很充分。

第二节　秦汉至明清时期的岭南建筑

一、秦汉时期岭南建筑

秦在岭南始立郡县之后，开新道、设关隘、筑寨堡，岭南大地出现了一批较大规模的建筑工程，主观是着眼于军事目的，客观上却大大促进了交通和经济、文化的发展和交流。新道，即秦时之越道，诸如由江西大余越岭入广东南雄、由湖南郴州越岭入广东连县之道路。关隘，重要的有横浦、阳山、湟溪关以及洭口关，扼阳山、连山、南雄、英德等处。嶂寨、城堡，辅以关隘，形成军事工程系统，重要的遗址被发现于粤北的仁化、始兴、乐昌、英德等地，以乐昌城郊武江南岸的"洲仔"、始兴城西北浈江与墨江交汇处的罗围村出土的犁头嘴较为完整，反映了粤北地区在这一时期的重要地位。这些工程大量采用了夯土、石筑技术，显然有中原地区能工巧匠的辛勤劳动和中原工程技术的成分，但结合了岭南本土的环境条件并有所创造。

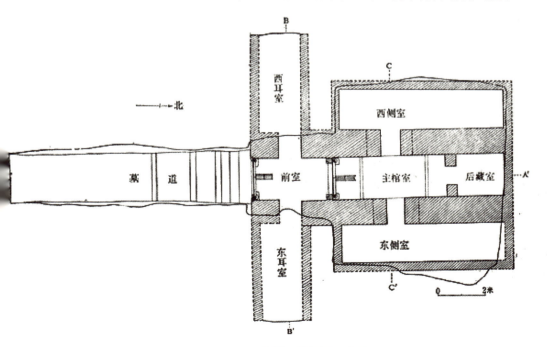

南越王墓平面示意图

秦末汉初,番禺城是南方最大的商业都会和南越国国都。已发掘出南越国宫署遗址以及南越王墓,反映了这一都会当年的繁华。宫署遗址的大型铺地砖、"万岁"瓦当、大型水池铺设,还有这一时期岭南各地建造的一批高台建筑(史传有越王、白鹿、朝汉、长乐四台,现已发掘的五华狮雄山汉代建筑遗址推测为长乐台,还有未明其名的澄海龟山遗址等),说明了当时建筑工程已蓬勃兴起,并有了较高的工程技术水平。与此同时,在岭南各地出现了一批作为郡县政治统治中心或军事据点的城邑寨堡,如秦朝建置的龙川县城、南海郡城(任嚣城)、西汉建置的儋县、珠崖郡、徐闻县、博罗县城,东汉建置的增城县城等。这些城郭、城堡和关隘,既是政治、军事据点,也是封建经济、文化的开辟点,在客观上起到了推广建筑技术的作用。

南越国国王及其臣民营建了一批等级分明的墓室,已发现的南越王赵眜墓是岭南地区最大的古代石室墓室。从建筑技术的角度看,两汉时期的岭南墓葬,从土坑墓、石室墓转向砖室券顶墓;两汉墓中出土的大量住宅模型,展示了这一时期砖瓦建材及木构体系的推广。

南越王墓·石室古墓(南越王博物馆)

以木构架为主要结构方式的中国建筑体系，在秦汉时期臻于成熟。文明起步远远落后于中原地区的岭南，受秦末汉初社会政治、军事变革的强烈震荡影响，建筑技术产生了飞跃性的变化，得到迅速的提高。陶仓、灶、井、屋等明器在广州始见于西汉中期墓葬。广州东汉墓出土的庄院、城堡、碉楼较之长沙东汉墓出土物规模更大、形制更复杂，说明广州地方封建经济包括建筑水平的发展超过了长沙，也说明从汉代开始岭南加快了接受中原文化的融会进程。尽管如此，从总体上看，秦汉时期岭南建筑文化与中原建筑文化相比较仍有一定差距。与《史记》《汉书》上提到的同时期其他都会相比，面积不足2平方公里的番禺，城市规模要小得多。南越王赵眜墓与同期汉诸侯的大崖墓相比，其规模、工艺、排水设施设计上要逊色得多，而砖瓦在岭南的出现时间大大落后于内地。中原地区的砖室墓，在西汉末期出现条砖顶的筒拱结构，东汉初发展为拱壳顶，至东汉派生出叠涩穹窿结构。岭南砖室墓在东汉始出现筒拱结构，东汉中后期才出现拱壳顶。在岭南各地发掘的东汉墓中，仍然存在一批规模不小、墓主地位较高的土坑、木椁墓，说明各地的砖瓦技术水平仍不均衡。

秦汉时期的岭南建筑，在低起点的基础上积极吸收外来先进建筑文化，又与当地建筑特色相融合，创造出适合本地自然地理环境的工艺技术，初步形成了以中国传统建筑体系为依托而又具有岭南地方特色的建筑体系。

夯土建筑普遍应用于建造军事攻防性质的城墙、关隘乃至坞堡等大型建筑工事。在雨水较多的南方，夯土技术难度更高。现存的秦汉夯土城堡，因地制宜地采取了以砾石垫基、泥石混合分层配料等方法，夯土十分坚实。延续到近代，夯筑技术在岭南民居建筑中得到广泛应用。

修筑南越王墓，大规模的采石以及水上运输，需开凿深20米的岩穴，开挖及回填约4 000个土石方，吊装重近3吨的石板，乃至设置自动顶门石，这是创造性的劳动。修建南越王宫苑，大面积铺砌冰裂纹石板，更是创造性的工艺。宫署遗址出土的八棱石栏杆，是我国迄今发现的年代最早的石栏杆构件。南越国御苑遗址出土的石渠、石板平桥以及构筑石室的两列高1.9米的大石板，在我国建筑史上具有重大的价值。岭南石工在石头料开采和施工上积累了丰富的经验，推动了岭南建筑业的发展。

西汉初的南越王国宫署已大量采用铺设地砖和使用"万岁"瓦当，这种僭越礼制的构件无疑是当地烧制的。遗址出土的约0.8米见方、厚0.15米，被称为"中国第一大砖"的铺地砖，也有国内罕见的掏空望柱，有用于宫殿转角基台处的斜面印花砖，还有专用于砌井圈的弧形小砖，可见当时的

制砖技术已达到相当水平。干栏式建筑是适应南方潮湿多雨气候条件的一种建筑形式，原以竹、木为建筑材料。砖瓦传入岭南以后，建筑工匠创造出木结构瓦顶夹泥墙结构干栏式楼阁，又发展出以橄榄石结构为基础的曲尺式、三合式住宅。在庄院坞堡的组合上，较为熟练地组合出多种形式的阁楼、庭院、坞堡，反映出因地制宜、不拘一格的设计思想。楼阁构建技术的进步，为岭南古代高层建筑的发展奠定了基础。

所有这些，说明了秦汉时期的岭南，作为中国传统主要建筑材料的土、木、石、砖，均得到采用；宫苑、道路、住宅、陵墓、城关等建筑门类，均有所兴建。秦汉时期的岭南建筑在岭南建筑史上的地位十分重要，影响十分深远。

二、三国两晋南北朝时期岭南建筑

三国两晋南北朝时期，岭南建筑仍处在不断融入以中原文化为主的外地文化的发展进程中。这一时期，中原陷入内乱与混战状态，岭南相对安宁，北人大量南迁，带来了先进的建筑技术，岭南建筑文化再次发生急剧的变化。岭南的铁矿得以大力开发，结束了依靠中原供应铁工具和农具的历史；晋代广东本地已能烧造青瓷器，陶瓷业有了新的进展；粤北、粤中普遍运用犁耕、牛耕，反映了以农业经济为主的经济基础稳步确立；人口激增，尤其是大批中原衣冠望族的南徙，推进了岭南的开发，提高了岭南的政治地位；海上交通贸易更加活跃以及佛教从海上的传入。所有这些，推动着岭南建筑文化进一步发展，一些中原和域外建筑文化的因子被移植到岭南建筑中来，促进了岭南建筑文化的多元化和特色化发展。

建筑遗迹分布的范围扩大，是这一时期岭南政治、经济、军事、文化发展的集中表现。广东、海南现存有从秦到南北朝时期20多座古城遗址，除少数为秦、汉古城址外，大多数为六朝时期所建。古城址及聚落遗址集中分布在粤西，与南北朝时在粤西大量设置郡县有关，也反映了这一地区经济、军事地位上升的史实。这些古城规模不大，围城定制，城墙为夯土修筑，多数只是履行军事、政治职能，而且兴废无常。聚落遗址多分布在粤北、粤西，有的聚居点面积达数万平方米，是移民南迁合族而居的痕迹。在揭阳九肚村发现的全木结构晋代主屋遗址，与采集到瓦当、板瓦的粤西聚居遗存相比，迥然不同。

寺庙建筑开始出现，并具一定的规模。在广州，东吴时就出现了改宅为寺的现象。东晋开始兴建寺院。南朝梁时建成宝庄严寺舍利木塔（今六榕寺花塔）。道教建筑也在这一时期出现，先有西晋末期广州越冈院（今三元宫前身），后有东晋初年葛洪在罗浮山创建的四庵（今冲虚观等道观前身）。

现存岭南地区六朝墓葬，大多数为砖室墓，反映了东汉之后砖材迅速推广的情形。墓葬较为密集地分布在珠三角及北江、西江、韩江流域。墓室结构及随葬品种类，与两湖、福建地区极为相似。珠江三角洲一带的六朝墓，较多集中于广州，规模之大，墓葬之多，反映了其作为都会地的特色。在粤东发现南朝时期民居聚落遗迹，墓葬虽不多，但形制级别较高，规模较大。这些聚落移民可能来自东南沿海的显赫之家，他们经济实力较强、政治地位和文化素质较高。移民文化也就实实在在地影响着岭南建筑，由于人员的流动和交往，提升了岭南地区的建筑水平。

建筑工艺的飞跃发展，在为数众多的墓葬遗存中也得到了实证。南朝墓葬中出现长方形双棺室、三棺室合葬墓，墓室内竖砖柱、左右壁及后壁辟灯龛和直棂假窗，部分墓壁砌菱角牙子，不少墓室前段设有水井和地下水道，其建筑工艺与岭北文化先进地区的墓室较相似。从出土明器如广州沙河顶太熙元年（290）晋墓明器陶卧房、作坊、禽舍，连县永嘉六年（312）晋墓明器屋宇来看，地面民居建筑达到了新的水平。宝庄严寺舍利木塔的建筑工艺成就，更显示出岭南工匠的高超技艺，也反映了整个岭南地区建筑水平的显著提高。

这一时期的岭南尚处于开发阶段，建筑的发展受岭南开发的进程所制约，沿交通要道及区域政治中心呈线、点式发展的形态，建筑技术和工艺比较发达和成熟，但在广大的偏远地区，建筑技术和工艺仍然十分落后，发展也相对比较迟缓。

三、隋唐南汉时期岭南建筑

隋唐南汉时期的岭南仍处于开疆阶段，岭南建筑仍处于融入中原建筑体系的发展阶段，其发展有着较大的不平衡性。

隋唐南汉时期岭南建筑的发展，突出地体现在州县营建（南汉时兴王府，城市建设成就突出）、寺庙建设、砖瓦等建筑材料的推广上。在南汉王国封建割据的政治中心兴王府，掀起规模空前的都城建设，宫殿、寺庙、园林建筑迸发出一时的辉煌。在融入中原建筑文化的基础上，人们已经渐趋自觉地雕琢着岭南特有的建筑风格，这对宋以后的岭南建筑有着较为重要的

影响。

在岭南建筑诸类型中,唯宗教建筑始终为盛。究其原因,一是由于古代建筑制度严格限制着建筑形制和规模,只有在精神领域处于至尊地位的宗教寺庙才不受限制;二是佛教、道教、伊斯兰教诸教在岭南的宗教活动都很活跃。因而,宗教建筑的兴建,竭尽了州县的财力,甚至用尽民间的积蓄。鉴真在万安州(今海南万宁市北)主持修建开元寺,不仅州官支持,各界人士也都纷纷出钱出力,建成佛殿、讲堂、佛塔,是当地重要建筑。今存的岭南宋代寺庙建筑,如广州光孝寺大殿、潮州开元寺大殿、南雄三影塔,尚可以见到唐之遗风。隋、唐敕令建南海神庙,规模宏大,后世虽屡有修建,其基本规制却无以逾越。南汉王国更加热衷于建寺造庙,环绕兴王府四方各建7寺,有28寺以应天上之二十八宿。据不完全统计,广东境内南汉所建寺院有45所。南汉时期佛教建筑遗构,有今存于广州光孝寺的西铁塔和东铁塔,以及存于梅州的千佛塔,是一批全国现存有确切铸造年代的最早铁塔,形体硕大,工艺精湛。

城市的营建,以广州城发展最为快速。广州是隋代主要对外贸易港城,在唐代是第一大港城,大批货物集散,外侨激增、城市商业职能地位上升。唐代都市普遍执行严格的里坊制,为适应商业发展而改变封闭的里坊制布局,对大多数都市来说这是唐末五代时期才可能出现的,而广州的城市建设规划与管理却率先呈现出一种自觉的对外开放形态。官府批准设立侨居区蕃坊,对商业往来敞开大门,城内为了适应商业活动而一再扩街道、列店肆,构成了沿河布市与临街设市的格局。唐末,清海军节度使刘隐凿禺山建新南城,城区扩展。南汉定都广州,称"兴王府",城内外兴建了一大批宫殿、园林,仿唐长安划分城市区域,明确区域分工,写下了广州城建史的重要一页。珠江以北,北部子城为宫殿园林区,为政权中枢所在;南部为商业区;西部为城外商业游览区,外国侨民多聚居于此;东部及北部郊区为官僚、贵族居住区;东城以北有不少风景名胜。珠江以南,是坛庙和陵园。南汉在兴王府城内外建宫殿,在各地又建有离宫千余间,以便游猎。此时的宫苑建设,堪称五代十国之最。建筑群景仿写自然又有所寄意的造园活动,在唐代也传入岭南,广州的荔园、连州的海阳湖均为一时之胜。在穷乡僻壤的连山也出现了颇有意境的园林,反映了中原入粤仕宦谪官、文人墨客在园林建筑上带来的影响。大规模的园林营建活动,至南汉登峰造极。将自然景观改造成大型园林,在广东首创于南汉,南汉药洲为中国园林最早的地面景物遗存。南汉宫苑重视花、石的特色,早于北宋皇家的花石纲,对以后的岭南园林风格有着深远影响。

隋唐时期岭南建筑技术进步的重要表现之一,是砖、瓦、石等建筑构件的推广。砖、瓦、石推及民间的范围之广、规模之大,从文献记载中可得到印证,还可从各地发掘的大面积唐代建筑遗迹中得到证实。徐闻五里乡二桥村遗址、大黄乡唐土旺村遗址,均遗存有印纹红砖、板瓦、筒瓦、莲花纹瓦当及莲花形柱础。新兴集成镇夏卢村唐索卢县旧址、怀集大岗镇唐威州遗址,发掘出大量布纹板瓦。信宜水口镇旧唐村唐潭峨县址,有石柱础、砖瓦。广州唐代建筑遗址出土的兽头砖,制作精致,与长安大明宫麟德殿出土物相似,反映出唐代广州官署建筑的华丽和工艺水平的高超。潮州北郊北堤头唐瓷窑及窑上埠砖瓦窑窑床底部出土的莲花纹圆瓦当,与长安大明宫遗址出土物相同。揭阳新亭镇落水金钟山麓发现的唐代大型砖瓦房屋遗址,更显示出使用砖瓦为辅助材料的木构架建筑已推及粤东。广州光孝寺、潮州开元寺石经幢是现存至今罕见的唐代石经幢,后者端庄宏丽,堪称精品。东莞南汉象塔也是精美的石构建筑。南汉南薰殿,柱皆通透,刻镂础石,各置炉燃香。广州博物馆今藏南汉大型石构柱础,约为1米见方,围绕上部圆形平面,刻出16只狮子,首朝外围成一圈,有波斯建筑风格。

除砖、瓦、石之外,当时的岭南建筑也使用了一些颇具地方特点的建筑材料。《岭表录异》记载,卢循"余党奔入海岛野居,惟食蚝蛎,垒壳为墙壁"。这种蚝蛎壳为墙体建筑的房屋,直至近代仍然流行于珠江三角洲一带。广州怀圣寺塔以蚝蛎壳灰粉刷墙壁,经济实用。[①] 在南海、粤西发现了以珊瑚板为墓室的建材,在当地土质不宜烧制砖瓦的情况下,不失为就地取材的有效替用品。南汉建造殿堂,采用了金、银、铁等金属建材或装饰。刘晟建乾和殿,铸了12根巨型铁柱,每根周长约2.5米、高近4米,又用铁铸造了高大的佛像、佛塔。

隋唐时期,在十分严格的封建等级限制之下,岭南各州县不可能大兴土木,刘隐凿禺山、辟新城,已是唐朝将灭亡的前一年(906),法令在岭南已不起作用。只有在称王一隅的南汉小王朝,才有可能敛一方之资财、肆一时之华丽,出现了宫殿、园林建筑的营造高峰。隋唐时期的岭南还处开发阶段,地域经济的整体水平远落后于中原,除了对外贸易繁荣的广州、由大庾岭南下的粤北通道、由湘桂走廊入粤的江西沿岸等较早得到开发之外,"此时粤北的垦辟还是初步的","西江沿岸各州的农业只是在若干地方有所进

[①] 陈泽泓《岭南建筑志》,广东人民出版社1999年版。

步,即使是较早出现塘鱼业的新州,也是还未充分开发的'瘴疠之乡'。"①在被韩愈称为"天下之穷处也"的阳山,县治没有居民,官府没有丞尉,十几家吏员聚居在江边的茅草竹丛之中,不要说城池,连衙署都没有,更不用说其余大部分更加落后地区的建筑状况了。

四、宋元时期岭南建筑

宋元时期是广东大规模开发的时期,汹涌南下的移民潮,把中原先进的技术带到了岭南地区,大大促进了岭南的开发,也缩小了岭南社会生活同岭北中土的差距,到南宋之后,基本实现了岭南、岭北、中原的同步发展。宋元以后岭南的居民已衍化为以汉族为主体的民族构成布局。与北方相比,南方显得更为稳定繁荣。在这种背景下,岭南建筑呈现出蓬勃向上的新气象。在宋元之际虽然一度受到战争的严重破坏,但岭南社会经济仍然在顽强地向前发展。社会经济文化发展、南移人口剧增,掀起了岭南大规模基本建设的高潮,岭南建筑工程技术实现了又一次飞跃性发展。

这一时期的城镇建设成就斐然。广州宋城大小修缮工程进行了20余次,最重要的四次修缮工程中,前三次集中于北宋中期。修缮特点之一是三城合一,面积为唐城4倍以上,奠定了延续至明清的城墙基本布局,环绕广州城的还有8座卫星城镇。特点之二是规划设施更为完善。中城、东城皆以官署为中心,街道布局呈"丁"字形,面积最大的西城为商业市舶区,呈"井"字形。修通了城市供水、排水系统,即"六脉渠",一直到民国时期仍发挥着重要作用。延入城中的南濠、清水濠和内濠,兼有通航、排涝、防火功能,东郊辟鹿步滘,是番舶避风港。特点之三是城墙十分坚固。皇祐四年(1052),侬智高起兵捣毁了不少城池,"独广州子城坚定,民逃于中获生者甚众"。为此,朝廷"益重南顾,乃诏二广悉城"。1995年在广州中山五路地铁工地地下2米深处,发现宋代城墙遗迹,顶宽约3米,城墙砖经过烧制,较唐以前使用的黏土压成的坯砖坚硬。广州宋城城内建筑也很雄伟,子城城门双门被称为"规模宏壮,中州未见其比"。潮州宋城主要经过三次修整,子城瓷砖,外城瓷石,外绕城濠,奠定了延至明清的基本格局。肇庆古城也在宋时奠定基本格局。宋代,除了修治各县旧治,还增筑了香山、乳源、英德、高要、新兴、德庆、阳江、化州、琼山、万安军、朱崖军、南雄

---

① 蒋祖缘、方志钦主编《简明广东史》,广东人民出版社1993年版,第113、115页。

州、梅州诸城，其中有些用砖石砌成。元初，虽有拆城之举，但江山甫定，元朝廷即下令修复广州城隍，整治濠池，架设桥梁。在潮州修复临江城墙，谓之"堤城"。

整治水陆交通之后，广韶路北段、闽南经潮惠至广州的水陆运输得以沟通。更普通但又更艰巨的工程是建造桥梁。宋代创建桥梁较多的是雷州（18座）、广州（17座）和潮州（13座）。地处闽、粤交通要冲的潮州广济桥是长180丈的石梁、浮桥混合结构桥，为世界上最早的开合桥，从南宋乾道年间（1165—1173）即开始建桥，一直到明宣德年间（1426—1435）才算基本建成，旷日持久，工程艰巨。

珠江、韩江中下游及沿海地带建筑围垦的勃兴，为安置更多人口、促进农业生产发展起了积极作用。雷州万顷洋田灌溉工程、潮州三利溪水利工程都是这一背景下的产物。此外，琼州度灵塘、惠州丰（西）湖、循州鳌湖、南雄州连凌二陂、新州张侯陂等都是具有一定效益的官修水利工程。民办陂塘如高要罗岸堤、鹤山泽沛陂等，规模虽小但数量颇多。

宋元时期岭南建筑整体水平提高，有的甚至达到了当时的先进水平。广州城西是随着贸易的发展而出现的繁华商业区，原来并没有修城垣进行保护。城垣迟迟建不起来的主要原因是其地势低平，修城取土不容易。北宋熙宁年间（1068—1077），广州知府程师孟以其丰富的工程实践经验，又得益于朝廷在建筑技术、材料上的支持，终于建成了西城。在桥梁建筑方面，宋元时期建了一批巨石垒墩的梁桥，如潮州广济桥始建于南宋，完成西段十墩、东段九墩，奠定了大桥的基本布局。光建西段十墩，就花去57年时间。茅以升记述广济桥桥墩，谓"石块与石块之间不用灰浆，但凿有卯榫，使相契合，然都庞大异常，闻所未闻"。[①] 宋代福建的石桥梁被誉为"闽中桥梁甲天下"，对粤东交通产生了直接的影响。倡建潮阳和平桥的大峰和尚，就是由闽入粤的僧人。和平桥为巨石梁桥，桥基以松木叠座并字型台基，再在基上叠石为墩，这种做法十分近似于出现不过百余年的现代桥梁工程中"筏形基础"的做法。由于气候湿热和天灾人祸，使岭南宋元木构殿堂遗构如凤毛麟角。现存最早的有宋构肇庆梅庵和广州光孝寺大雄宝殿遗迹，保留了宋代民居格局的潮州许驸马府，元德庆学宫大成殿。梅庵大殿的明、次间比例，用材的高厚比例，基本符合宋代官方颁布的建筑规范《营造法式》的规定，斗栱的配置及采用昂栓、拱栓、皿板、梭形柱、檐柱侧脚、生起等做

---

① 茅以升《介绍五座古桥》，《文物》1972年第1期。

法，更是完整地保留了宋代木构架形制，在局部装饰上则呈现出地方特色。

中国砖石塔的建筑结构，到宋代达到了顶峰，岭南砖石塔同样如此。南雄三影塔、广州六榕花塔均采用了穿壁折上式结构，是一种相当先进的结构。六榕花塔既体现宋塔特色，又兼具岭南地方色彩，对岭南的楼阁式塔形建筑产生了深远影响，而后人们将这类塔称为"花塔"，但又不同于北方那种将塔身饰成花束的花塔。六榕寺花塔通塔高 57 米，是江南古塔中较高的一座。三影塔是早于六榕花塔近百年的北宋早期砖塔，平面为六角形，典雅飞逸，更接近江南风格，高度达到 50.2 米。石塔形式多样。潮州开元寺阿育王塔，与泉州开元寺阿育王塔如出一辙。海南琼山儒符石塔、南雄珠玑巷石塔，则各具特色。南雄珠玑巷石塔上的浮雕佛像，线条造型简练而神态生动，是殊为难得的元代人物浮雕。饶平柘林镇风塔是建于元至正年间（1341—1367）的石塔，7 层，高达 20 米，比例匀称，各层设有石栏杆，出檐构建美观。此塔历 600 余年风雨仍完好无缺，反映了元代石构工艺的高超。

广州六榕寺花塔

南雄三影塔

兴宁磐安围

　　这一时期的民居建筑,开始出现鲜明的地方特色。现存可见到的是建于宋代的兴宁磐安围,是"九厅十八井"大型客家围龙屋的早期建筑。潮州许驸马府,是大型潮州民居"四马拖车"的早期建筑。广府文化区域的建筑装饰常用的陶塑、灰塑以及潮州文化区域建筑材料普遍采用的贝灰,均在这时开始使用,甚至已经大量使用。造园技术也有很大进步。名园有北宋惠州李氏山园、潮阳岁寒堂、广州西园和南宋揭阳彭园等。潮州、惠州西湖等山水园林,都是在兴修水利的同时顾及政治环境的建筑成果,比唐代连州海阳湖更有意义。

潮州许驸马府

宋元时期岭南建筑的蓬勃发展,也表现在宋元时期雕塑工艺水平上。广州光孝寺大殿后石栏杆望柱头石狮,为南宋遗构,雄健威严。今存南雄博物馆门面的一对红砂岩宋代石狮,高1.2米,雄狮座前脚踩石球,雌狮右前脚抚一小狮,这种模式流传至近代。1976年在紫金城郊林田乡高墩顶山宋墓出土的红褐色砂岩石雕随葬品,圆雕石狗形象逼真,毛发刻画细致。浮雕石板龙虎凤鸡,张牙舞爪,线条流畅,形象生动,体现出雕塑者高度的艺术想象力。南雄珠玑巷元代石塔塔身上的浮雕,打破了菩萨跌坐的规例,或交谈,或挠耳,充满生活气息,有呼之欲出的艺术魅力。

综上所述,宋元时期广东建筑取得了辉煌的成就,体现了岭南地区的全面开发,开始建立起与岭北中原建筑文化既有联系又有区别的极具地域特色的建筑文化。

五、明清时期岭南建筑

鸦片战争以前的明清时期,中国的封建政治、经济、文化达到了顶峰。岭南建筑文化形成了具有鲜明地方特色的体系。明清时期城市建设连续不断,各州县相继兴起或扩建城池,同时相应兴建了宏伟壮观的城市景观建筑,诸如广州的镇海楼、潮州的广济门城楼、琼州的钟楼等。城市防洪、排水系统进一步完善。各类宗教建筑、坛庙如雨后春笋般出现。兴建了广州海幢寺、肇庆庆云寺等一大批寺庙。广州光孝寺、华林寺、三元宫、纯阳观、五仙观,潮州开元寺,博罗清虚观等一批名寺、道观等得到修葺,如光孝寺大殿从5间扩建为7间。关帝庙、天后庙、城隍庙、真武帝君庙等遍及岭南,地方性神祇的三山国王庙、龙母庙、金花娘娘庙等也越建越多,不可胜数。南海神庙大规模重修。建成佛山祖庙、德庆悦城龙母庙、广州仁威庙、三水芦苞祖庙等富丽堂皇的庙堂。佛塔演化为风水塔,精致不及宋塔,数量却大为增加。以粤中、粤西花塔类的阁楼式砖塔、粤东的砖石混构塔、珠江三角洲的文塔为主,构成了岭南古塔特有的风格。

岭南三大民系形成了各自的民居建筑体系特色。潮汕民居的"竹竿厝""下山虎""四点金""四马拖车"布局格式,客家民居的注重风水、围屋土楼,广府民居的三厅两廊、"竹筒屋""西关大屋",适应了不同地区的生活特点、经济水平和气候环境,各有特色。私家园林吸收了江南园林的优点,突出了地方特色,可与北方、江南园林鼎立并提。在岭南园林中,又以珠江三角洲和韩江三角洲的园林最为出色。其著名者,前者有广州海山仙馆以及清代粤中四大名园（顺德清晖园、番禺余荫山房、佛山梁园、东莞可园）；后者有潮阳西园、澄海西塘等。此外，以亭台楼阁廊榭为点缀的山水园林也兴盛于此时。为了抵御海盗倭寇侵扰，加强海防戍边和镇压沿海的反抗斗争，大举修筑"宅中而制外"的卫所、炮台、烽燧等军事工程，形成网络。民间将修路造桥视为乐善好施的举动，兴筑石桥的技术进一步提高，以明代潮州广济桥为典型代表。粤东、粤北、珠江三角洲留下了一批精美坚固的石桥、书院、学宫、宗祠、会馆、府邸等。大型建筑群在各地陆续兴建，集地方建筑装饰工艺之大成，充分展示了岭南建筑艳丽多姿的地方色彩，以广州陈家祠为杰出代表。因儒学的地位之高及科举之盛，学宫往往为当地规制最为广大、殿宇最为宏伟的建筑。

岭南建筑的主要特点，在这一时期大部分具备。在建筑风格上，融各地建筑风格而形成了介于中原的凝重华丽与江南的飘逸轻巧之间的建筑风格。在建筑技术上，木构建筑较多采用歇山顶、硬山顶、穿斗式或穿斗抬梁式混合结构为主。由于技术南传的时差，部分建筑保留了中原地区早期的建筑手法。砖石建筑技术大量应用于城墙建筑，也出现了一批建筑水平高超的砖石塔。在建筑装饰上，注重装饰屋脊、梁架、隔扇，大量采用精雕细刻的木雕、石雕、砖雕、灰雕、玻璃配件及采用嵌瓷、云母片、贝灰等地方特色很强的建筑装饰材料。在建筑结构上，多数具有外部围闭而内部通透散热的特征，以通风避雨的廊庑连接主要建筑，设计时注重防风、防洪、防潮、防雷、防腐、防火。在建筑布局上，依不同地形而设，形制多样，利用种植岭南花木以创造融入自然氛围之感，出现不少大型居宅和大型建筑组群，显示了雄厚的经济实力和很强的建筑能力。在建筑规模上，桥梁、园宅、祠堂、庙宇、书院及会馆，不仅种类增加、数量多，而且体型大、分布广。卫所、炮台、烽燧等军事工程的大量建筑，反映了这一时期岭南军事战略地位的重要和军事活动的频繁。

对明清时期岭南建筑发展的成就，必须从总体上予以充分的肯定。有学者概括岭南建筑发展史，认为其"萌发于史前时期，形成于秦汉，成熟于唐宋，至明清而演变"。

第三章
晚清及民国时期的岭南建筑

第一节　中西合璧的公共建筑

鸦片战争以后，有汕头、海口开埠通商，广州沙面、香港、广州湾（今湛江）被租借或割占，西方文化加大了传入的势头。在清末以前，岭南地区兴建了一批西式建筑，有教会兴建的教堂及附属的医院、学校、育婴堂、修道院等，广州石室圣心大教学是远东最大的哥特式石构教堂；有外国人居住的领事馆、别墅；还有海关和银行、商行等金融、贸易机构。清末，近代交通发展，建有火车站、汽车站及近代码头等。在口岸城市和侨乡，出现了一批中西合璧的民居、宅园、茶楼建筑。开始采用混凝土、钢筋等建筑材料和肩带建筑技术，光绪三十一年（1905）建成的岭南大学马丁堂，是中国最早采用砖石、钢筋混凝土结构的建筑物之一。城市开始出现5层以上的新式建筑。

石室圣心大教堂

岭南大学马丁堂

岭南大学马丁堂内景

岭南大学马丁堂前的石狮

从清末到民国时期，传统形式的建筑仍有所修建，但结构、装饰趋向简化。民初，兴起大规模拆城墙建马路热潮，迅速形成了以骑楼为主要特征的街市。公园、戏院等公共场所的开辟，令城镇面貌有了很大的变化。高层的商业楼宇、钢桁材料的桥梁，显示出建筑技术向近代化的发展。在广州，民国十一年（1922）建成岭南第一座混凝土结构高层建筑大新公司，高12层50米。民国二十六年（1937）建成岭南第一座钢框架高层建筑爱群大酒店，高15层64米多。这些都是当时南方建筑之冠。这一时期还修筑了一大批包括烈士陵园、纪念堂、纪念碑在内的纪念性建筑物和教堂、学校、医院、体育馆等宗教、文化建筑。民国十八至二十五年（1929—1936），陈济棠主政广东时期，政局相对稳定，广东的建筑得到较快的发展：工业方面，兴办了包括士敏土厂、糖厂在内的一批近代企业；商业方面，在广州建设惠爱路、上下九路、西濠口等商业区，兴建、扩建了一批旅馆、酒家、茶楼、商店、戏院，增设商业网点；市政建设方面，在广州修筑西湖路、清平路等26条马路，总长36公里，至1936年达134公里，建成海珠桥、西堤码头等一批过江轮渡码头和至香港的客船码头；建成中山纪念碑、中山纪念堂、广州市政府大楼等一批大型公共建筑物；鼓励华侨投资兴建爱群大酒店等高层建筑和东山西式住宅区；在沙河等处建造住宅一批，在各县普遍设立平民医院、救济院和习艺所等；增加经费加强国立中山大学、私立岭南大学等10所高等学校建设并创办多所高等学校和专科学校；在香港、广州、澳门、茂名等地也兴办了一些学校；全省修筑公路4 000多公里，公路里程居全国各省之冠，以广州为中心，陆续建成纵横省内的17条公路干线、326条支线，并建成兴筑多年的粤汉铁路。

　　这一时期的建筑，处于激烈演变的阶段，有着异彩纷呈的风格，大致可分为三大类。

西式建筑。进入 20 世纪后，在大中城市中出现行政、会堂、金融、交通、文化、教育、医疗、商业、服务行业、娱乐业等公共建筑的新类型。诸如银行、领事馆、海关、百货大楼、大酒店、图书馆、博物馆、火车站、邮电局等。广州的沙面、长堤一带最为集中，呈现出西方不同国家不同时期的风格。沙面租界现存的 150 多幢西式建筑，有新古典式、新巴洛克式、券廊式、仿哥特式建筑。广州还有哥特式风格的石室、新古典主义风格的广东邮务管理局大楼、粤海关大楼、大新公司、嘉南楼、广东大学大钟楼（今文明路鲁迅纪念馆）、古典折衷主义风格的省财政大楼、广东咨议局，现代风格的永安堂大厦、爱群大厦。东山一带则是近代"花园式洋房"的集中地。广东各地有湛江广州湾商会会馆、海口钟楼，江门"帝国海关"旧址、北街火车站旧址、台山新宁火车站旧址、开平关族图书馆等西式建筑。此外，还有采用现代建筑材料的开合式钢结构桥广州海珠桥、开平合山铁桥、广州越秀山钢制球形水塔等。

民族固有形式建筑。西方传教士为向中国人传教，在教会建筑上采用了中西合璧的形式，突出了中国传统建筑的大屋顶，在门窗、基座栏杆上也采用了斗拱、雀替、云鹤纹望柱头等中国传统的装饰手法。代表性建筑为岭南大学、中山大学（今华南理工大学、华南农业大学）的一些课室和宿舍。以吕彦直、杨锡宗、林克明为代表的中国建筑设计大师，探索民族形式与新的建筑材料、建筑功能的结合设计，代表性建筑有中山纪念堂、市府合署大楼、岭南大学马丁堂、中山图书馆北馆、广州东征阵亡烈士墓牌坊，这类建筑与原来的民族传统建筑造型和功能状况有所不同。

广州中山纪念堂大门

广州中山纪念堂主楼

　　传统建筑。在岭南的许多地方仍有修建，比如，修建宗祠、庙宇、桥梁，仍沿袭传统形制，采用传统的工艺技术。当然，也不是全部一成不变，如有的雨亭、梁桥，就采用了砖混结构。在布局装饰上，有的采用了西方纹饰。

　　分析这一时期的建筑，有如下突出特点：

　　其一，反映了剧烈变动的时代性。处于时代嬗变中心地带的岭南，其建筑形式、建筑风格突破了我国封建社会后期建筑总体发展缓慢的状态，跳出了木构架建筑体系的框框，逐渐走向建筑近代化。在岭南，出现了中国最早的混凝土、砖石混合结构的建筑——马丁堂；建造了中国当时室内空间最大的会堂建筑广州中山纪念堂，其大型钢桁架构跨度约30米；建筑大师陈炳垣、陈荣枝按"高冠全市、外表宏伟、建筑坚固、设备舒适"的要求设计建造的爱群大酒店，采用钢筋混凝土结构，高15层64米多。这些建筑的设计师都是中国人，建筑的规模、水平和施工质量接近国内外的先进水平。千百年来历代封建统治者修建的仿佛固若金汤的城垣，在民初几乎尽被夷为平地，反映了历史的剧变及在历史大势下建筑文化的发展特点。

　　其二，反映了岭南文化吸纳外来文化的开放性。吸收西方建筑形制、装饰工艺技术建造的中西合璧风格的建筑，多见于都会，但在乡镇也有一些。率先兴建的西式或中西合璧风格的建筑，有洋人设计建造的教会建筑、商业金融建筑及别墅式建筑，也有华侨、出洋人员所建的宅居、商业大厦。一些侨屋、侨园乃至华侨捐建的图书馆、博物馆，是按华侨从国外带回的图纸施工的，因此带有鲜明的侨居国的建筑风格，进而带动了侨乡建筑风貌的改观。江门四邑，特别是集中在开平、恩平、台山一带林立的碉楼，形式多国化，至今仍是引人注目的侨乡风景线，称得上是一个小型的"世界大观"建筑博览会。近代岭南民间建筑在装饰花纹上采用了西方纹饰。祠堂、庙宇的斗拱雕刻上出现洋人形象，也有以洋人形象托塔力士作为塔基的。传统的客家围龙屋也出现了前西后中，西洋建筑门面的样式，著名的如梅县联芳楼、万秋楼。德庆悦城龙母庙庙前牌坊直棂石栏杆两侧拱门，有明显的西方建筑风格。澄海隆都黉利家族大型宅园整体布局采用中式院落，环以双层洋楼，构成外高内低的格局，院中有楼身西式、楼顶中式的"小姐楼"，以及外西内中的"三庐"别墅，而且采用了各式西方柱头饰样，在拱门檐梁用英文字母点缀于传统花纹之间，门窗饰件既有潮汕嵌瓷又有石膏塑件，中西文化共存，融为一体。建造该宅时，专门从西欧、上海等处定做了大量的"红毛瓷砖""红毛玻璃"。民间建筑不拘一格，又有所创造，成为广东近代建筑的一个特色鲜明的重要组成部分。

其三，反映了岭南建筑植根于本土的地方特性。扩建或新建的市镇马路，商业街道两旁的建筑，普遍采用骑楼式建筑。有人认为这种建筑形式是从东南亚一带的殖民地城市传入的；也有人认为商业骑楼最早见于2 000年前的古希腊，近代传至世界各地，在广州于20世纪二三十年代兴起，并逐步成为广州商业街市建筑的主格局。其实，这种下为空廊支柱、上为起居室的房屋模式，可以视为干栏式建筑的一种延续模式。时至今日，在岭南乃至东南沿海的江浙一带，都可以见到这种下为走廊和店面、上为居室的砖木构骑楼。由于这种干栏式建筑适于遮阳、避雨，方便城镇商业活动，所以能够在热带、亚热带地区进行推广。上海外滩大新公司与沙逊大厦，首层商场并没有设骑楼式门廊，同期修建的广州长堤爱群大厦、大新公司（今南方大厦），首层临街外侧为覆盖人行道的骑楼，清楚地体现出两地建筑的区别。至于骑楼柱式、门面装饰，则颇受西方建筑的影响，如广州茶楼，就有用科林斯柱式廊的莲香楼，以及在外立面采用四柱三拱券、凸出半圆形阳台巴洛克风格的惠如楼。兴建近代建筑，民族的建筑技艺仍然得到发展利用。修建广州石室圣心大教堂时，由法国工程师负责建筑设计和指挥施工，工程难以为继，后来聘请工匠蔡孝为总管工，才得以顺利修建起来。建教堂所用的花岗岩石，采凿于香港九龙，从打磨到吊装都采用手工操作。用几根杉木组成简便的起重机，吊装起重达千斤的巨石，自制黏合剂黏合花岗石块，用铅拴

广州沙面

合石柱和券拱等关键部位。以土法施工建成的巍峨雄伟的石室教堂十分坚固。晚清，已有岭南人接受西方建筑技术和知识，开始自行设计施工。新会人林护，少时家贫，14岁赴澳大利亚谋生，工作之余入夜校学习建筑工程知识。光绪中叶回到香港创办建筑企业，先后承建了广州沙面万国银行、汕头海关大楼、梧州中山纪念堂、广州柔济医院、南京中山路等许多工程。其中，梧州中山纪念堂是岭南建造最早的中山纪念堂。五四运动以后，出国留学的中国建筑师学成归来，走上了独立创作的道路，这部分建筑师既受到西方建筑文化的熏陶，又掌握了中国传统建筑的精髓，他们热情地投入"中国固有建筑形式"的创造活动，成为该时期的创作主流，完成了一批优秀作品，对于推动中国传统形式建筑的发展起到了积极的作用。

梧州骑楼

梧州中山纪念堂

第三章 晚清及民国时期的岭南建筑

　　这一时期岭南建筑的不足之处,一是与上海、香港相比,近代建筑的规模和建筑水平稍逊,体量较小,建筑物内的通风、升降设施未及上述两地工艺先进。二是由于近代建筑物较为集中于珠江三角洲、沿海地区以及部分城市,楼房集中于商业街道两旁,别墅洋楼也只为少数达官贵人所有,民间居住的大部分仍是传统居宅,内地山区、海南岛的大部分地区仍处于落后状况,少数民族地区仍是竹棚茅屋木骨泥壁的居住方式。三是在20世纪30年代后期至此后十余年间,由于战事频繁,无暇顾及建设,加之战火摧残,建筑事业处于停滞状态,更未有杰出的建筑面世。但清末、民国时期的建筑确实给我们留下了一批与那一时代相应的建筑范例,对近代中国建筑的发展起到了承前启后的重要作用。

第二节　十三行与粤海关

一、十三行

十三行位于今广州文化公园至海珠南路一带。始于清康熙二十一年至二十四年（1682—1685），政府特许在此设商行经营对外贸易，受粤海关监督。初有总商六家、副商七家，称十三行，然行数并非固定，多时达二十家，少时仅几家，"十三行"成了洋行的代名词。著名的商行有怡和行、广利行、同兴行、同文行、天宝行、兴泰行、中和行、顺泰行、仁和行、同顺行、义成行、东昌行、安昌行。十三行初为牙行（中介）性质，后也自营买卖，通过竞争、垄断，获取巨利，同时被官僚获取大量赃款。"十三行"设有十三座夷馆，分布在今沙面一带，成为中西贸易的中心和文化交流的中转站。道光二十二年（1842）中英《南京条约》签订后，其外贸特权被取消而日渐没落。

十三行从广州的历史中隐退，距今仅一个半世纪，但广州的城区已发生了很大的变化。如今要凭吊行商行号或外人夷馆的遗址，已经不可能了。

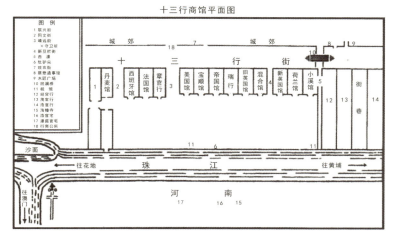

图中所示是当时十三行街区的分布状况

现在谈及的行商行号及西洋夷馆的分布基本上是嘉庆、道光以后的情况。所谓"十三行街区"，并不只是老广州所熟悉的十三行路（清代称十三行街），在此，它指的是外洋行及夷馆所分布的整个区域。大致是在南濒珠江，北至今天的和平东路，东至今仁济路，西至今长乐路的范围内。

广州商馆区图

十三行行商的行号相对分散。大多数的行号是在十三行街之外，但为了与西洋商人联系的方便，许多行号与十三行街也就近在咫尺。如十三行街往东，清代名回澜（栏）桥之地，即今回栏新街至人民南路的仁济路路段，便有若干行号设立于此，计有梁经国的天宝行、卢观恒的广利行、伍秉鉴的怡和行、黎颜裕的西成行、关成发的万合行等。另外，谢嘉梧的东裕行在仁济路的登龙巷。当然也有行号是设置在十三行街的，除了赫赫有名的潘家的同文行外（在今同文路），还曾经有李应桂的万源行、刘德章的东生行等。

夷馆既是西洋商人居住之地，也是他们的商铺、账房。外人夷馆，尽数位于十三行街，即今天的十三行路。路上不仅有夷馆，而且有行商的行号，这些房屋都是坐北朝南，面向珠江。

在夷馆与珠江之间，还有两片广场，是西洋商人休憩散步之地。嘉道期间，在广州的西洋商人以英、美两国势力最大，人数最多，因此，这两片广场也就分别被命名为"英国花园"和"美国花园"。直到道光二年（1822）十三行街大火之前，这片广场是西洋商人专用的，周围用栏杆圈围。火灾后，栏杆被毁坏，这个原来封闭的广场就成了通衢大道。据长期寓居广州的美国商人亨特回忆，"一些沿街叫卖的小商贩也喜欢聚集在这里做些小本生意。这些小商贩有卖咸橄榄、卖花生、卖糕点、卖茶水、卖粥的，还卖许多其他吃的喝的东西，但没有卖比茶更烈性的饮料"。这里俨然成了小商贩的乐园，为这个外国人聚居的社区平添了几分中国的色彩。

十三行街的南侧中西商馆杂处，以西洋夷馆为主，这是乾隆以后为了使规模日益扩大的贸易顺利进行而采取的集中管理的措施。对于这样的做法，不能简单地斥之为封闭保守，因为这样的做法实际上对于贸易的有效运作起到了不可低估的作用。虽然西洋商人对于清政府的种种做法多有怨言，但是他们也承认，在广州做生意的效率绝对不逊色于欧洲的任何一个口岸。并且，地方政府为了保障外商的人身安全，十分注意对附近地区的管理。"同文街与美国馆的拐角处设有一个守卫所，有10到12名中国士兵驻扎，作为警察以防止中国人骚扰'番鬼'。"在商馆前的广场成了各色人等流连之地后，只要外国人提出这影响了他们的日常生活，这些巡役们就会随传随到，驱散那些摆摊的小商贩。

虽然商馆的生活空间有限，西洋商人对于这里的印象还是不错的。美国商人亨特就说："由于这里（商馆）的生活充满情趣，由于彼此间良好的社会感情和无限友谊的存在，由于与被指定同我们做生意的中国人交易的便

美国花园图

利,以及他们众所周知的诚实,都使我们形成一种对人身和财产的绝对安全感,任何一个曾在这里居住过一段较长时间的'老广州',在离开商馆时,无不怀有一种依依不舍的惜别心情。"这番话说明十三行街区的布局还是有其合理性的。

西洋商人居住的"夷馆"是向行商租赁的,这种"中体西用"的形式,造就了十三行街区中西合璧的独特建筑风格,从18世纪起,在许多描绘十三行的外销画中,我们就可以看到这些充满异域风情,又糅合了广州本地特色的建筑。

十三行街区的营造,是日积月累的结果。早在乾隆年间,沈三白在其《浮生六记》中就说:"十三洋行在幽兰门之西,结构与洋画同。"说明十三行街的风光已为人所熟知。

之所以于中土之内设西洋风格,是因为外人可按照自己的意愿建筑商馆。设计夷馆的当然是西洋人,但是建造者却是中国的工匠,在实践中,他们学到了新的建筑方法,并与中国的风格糅合在一起。廊柱结构的建筑形式,后来就发展成了独具特色的骑楼,遮阳挡雨,给人们的生活带来莫大的方便。

十三行街区的西洋建筑,并没有引起广州官方的干涉,至少是在夷馆附近的有限区域内,外商是可以按照自己的方式生活的。比如,外商在各自的商馆前竖立了旗杆,可以看到英国、荷兰、美国和西班牙等国的国旗在商馆前迎风招展,这在外销画中有突出的反映。不过,严夷夏之防始终是地方官员的重要任务,如果"夷人"的生活情趣为国人所模拟,就会引起地方要员的警惕,进而取缔之。

广州商馆区一角

在广州的外国工人(1855年)

十三行街区内更多的应该是中国式的建筑。其中,外洋行的公所就给西洋商人留下了深刻的印象。公所设在同文街北面尽头处的对面,是"一组很漂亮、宽敞的中国式建筑。……它有很多套用来接待客人和办事的房间,有露天的庭院"。清末,这个公所早已不再是当年的商人聚集地,而成了巡捕房,是为巡警西关第八分局。

二、粤海关

粤海关旧址位于广州市荔湾区岭南街十三行社区的沿江西路上,该海关设立于清康熙二十四年(1685),是我国最早设立的海关之一。原关址在五仙门内,咸丰十年(1860),粤海关税务司在现关址正式建立公署。同治十一年(1872)大楼重建,光绪二十五年(1899)九月一日毁于火灾,后重建,宣统二年(1910)五月拆建,民国元年(1912)十一月九日复毁于火灾。现址为民国三年(1914)三月由英国建筑师戴卫德·迪克依照欧洲古典建筑形式设计,华昌工程公司承建,1916年5月竣工。现大楼坐西北朝东南,为4层钢筋混凝土结构建筑,平面呈平行四边形,门外带垂梯,面宽47.2米,进深24.22米,总占地面积4421平方米。该楼东南立面以花岗石砌筑,水平画线装饰,首层台基作条石形式处理,大门两侧以高大双柱、椅柱承托山花、拱券,山花、拱券上有"粤海关"三字。巨型罗马复合柱头及罗马塔司干柱身混合双柱贯通二、三层,四层以罗马塔司干柱环绕回廊。西北立面以红砖砌筑。建筑顶筑穹隆顶钟楼,钟楼四面以塔司干双柱支承,内置英国1915年制造的大型四面时钟,钟内还有5个大小不一的吊钟,可以整点报时。该楼室内高大宽敞,有柚木平缓拱形窗,各室设壁炉,铺樟木地板,走廊以彩色水泥砖铺地,彩瓷砖饰墙裙。

第三节 澳门民居

一、海上丝绸之路与澳门

澳门虽为"弹丸之地",但它居于珠江海口,面向大洋,内港在澳门半岛的西部沿岸,与香山湾仔相对。这里风平浪静,适合停泊,且与珠三角各县的内河航运非常便利,向上可直接到江门、佛山、广州。外港在澳门半岛的东南部沿岸,可以通往海洋。

远古时代,澳门本是海中小岛,因为西江下游泥沙冲积而与大陆之间形成一条沙堤,将澳门与大陆相连。沙堤仿佛支托莲花的花茎,故名"莲花茎",澳门因此成为陆连岛。1972年以来,学者们在路环岛的竹湾、黑沙、黑沙北、路环村和九澳5个地段的考古发现可以证明,早在五六千年以前的新石器时代,澳门地区已经生活了以渔猎为主的原始居民。古代澳门同岭南一样属百越之地,秦始皇统一岭南,澳门属于南海郡,东晋及南朝属于东官郡,隋朝属于南海郡,唐朝属于东莞县,南宋绍兴二十二年(1152)改属新设的香山县,隶属广州府,此行政辖属延续至明清。

在澳门正式开埠之前,这里只是广州口岸的众多贸易岛之一。因明代禁止民众上岛居住,因此这里成为商人临时驻泊之地,分布在人烟稀少的自然村落。中外海盗以及不入政府户籍体系的"逋逃"之徒都在澳门及其临近海域留下了他们活动的足迹。开埠以后,澳门成为国际贸易的重要枢纽。直至清代,作为中外贸易的孔道,澳门港为中国内地输送着海外商品、科学技术、新思想、新文化,成为全球化早期东西方交流的窗口和缓冲地。

葡人东来与澳门开埠。15至18世纪是人类历史重大变革时代,在"黄金热""香料热""世界热"的驱使下,欧洲人一次又一次进行远洋探险,开启了"地理大发现"与世界性海洋贸易新时代,葡萄牙、西班牙、荷兰、英国等大西洋—波罗的海沿岸国家相继进行全球性海上扩张与殖民活动,与古代海上丝绸之路相比,明清时期海上丝绸之路的发展在内涵、规模和影响上,都发生了重大变化。1553年,葡萄牙人以"借地晾晒水浸货物"为借口进驻澳门，从而长期"租借"澳门。澳门由此被卷入全球贸易的链条当中。此后，澳门在相当长的一段时期内成为广州外港，不仅是世界市场的转运枢纽，也对岭南地区的商品经济发展产生了积极影响，它将海上丝绸之路带入了一个崭新的发展阶段。

二、澳门的民居

澳门卢宅大屋与花园。澳门近代民居有中式民居建筑，也有外来风格的民族建筑形式。早期的建筑无论是华人还是葡人的房子都比较简陋，基本上按照各自家乡的建筑形式和方法建造。随着建筑行业的兴旺，建筑的技术混合了传统的中式尺量法和西方造型的手法，而材料的使用，既有华人喜好的砖木、陶瓷，也有葡人常用的石条、金属构件等。一般华人的住宅在平面上依然保持传统的布局，而外观立面和装饰，包括门窗、入口、阳台等由于多采用西式的建筑手法，建筑风格别具特色。

澳门华人民居建筑平面与广东地区的城镇或村落相似，平面三开间，其中有三间两廊式、天井式或组合式，屋内有天井，屋旁有庭院或花园，但民居常为多层楼房。大型的中式民居在澳门的数量不多，比较有代表性的是大堂街7号卢宅以及龙头左巷的郑家大屋。

澳门大堂街7号的卢宅是与广州西关大屋相似的大型天井院落式民居，为澳门著名商人卢华绍（卢九）家族的旧居。卢家祖籍广东新会，大约于清咸丰六年（1856）移居澳门。据族谱记载，卢九"少年怙恃，生计殊窘。弱冠后，始至澳门，业钱银找换。稍有蓄积，设宝行钱号。既而以善营商业，雄财一方"。

卢宅位于澳门半岛最早开发的商业中心地段，大约于清光绪十五年（1889）落成，是晚清时期粤中民居建筑风格的典型代表。青砖建造，两层高，大门面街朝西，室内用房通风采光主要为南北朝向。主立面入口采用凹斗式，门口白麻条石框边，为广府地区典型的中式造型。立面窗的形式，则受西方建筑风格的影响。卢宅是至今澳门保留下来最完整的典型珠江三角洲民居，是由两座三间两廊的基本型组成的三进两天井院落式两层楼宅居，建筑为砖木结构，中轴线上的宅居大门、天井、厅堂空间是通透的，但有屏风隔断，首层厅堂居中。第一进门厅的两侧次间为卧室，正天井的一侧为卧室，有门与横街相通，另一侧隔墙置有小天井，是佣人和辅助用房的独立空间。第二进明间为正厅，次间是卧室，后天井两侧厢房称为廊，分别为厨房、楼梯间和储藏间。第三进是卧室。

澳门卢宅

澳门卢宅墙上灰塑

澳门卢宅百叶窗

卢宅室内装饰以镂空木雕挂落、门罩、屏门、槛窗、金属图案窗为主，牡蛎壳片饰窗槛，衬以石雕、砖雕。外墙的窗户宽敞，带木百叶窗扇。窗框、大门门框和墙基用石材砌筑，而内外墙均以青砖砌筑。屋内装饰融合中西方的材料和手法，既有粤中地区常见的砖雕、灰塑、横披、挂落、蚝壳窗，又有西式的天花顶、彩色玻璃窗及铸铁栏杆等。该宅居反映了澳门建筑风格中西合璧的民居特点。

澳门卢家花园为卢华绍、卢廉若父子所建造的中型宅居与园林。卢园一带原是农田菜地，清末时澳门富商卢华绍购得此地后交由其子卢廉若督造花园。卢廉若请广东香山（今中山）人刘光谦设计建造，刘光谦既是书画家，又擅长园林设计，见多识广。经他精心设计，卢家花园建造得独具特色，既有江南园林的造园手法，又融入西方建筑的风格，还富有岭南园林之造园风韵。园内亭台楼阁，池水桥榭，曲径回廊，奇峰怪石，幽深竹林，飞溅瀑布，引人入胜。此园建成后，取名娱园。20世纪70年代初期澳门政府购得该园，经过修葺，于1974年对公众开放。

该花园以"春草堂"水榭厅堂为园中建筑的主体，建筑前后有廊，其廊

柱造型采用古罗马科林斯柱式和混合柱式，但柱子有圆柱和方柱。春草堂四周均为水面包围，形成园中小岛，建筑前面水面较为宽阔，而后面则狭窄呈带状，水榭厅小岛东、西、北各有小桥与周围相连，小桥造型活泼多样。挹翠亭为六角亭，也是一水庭，其处于浓浓的绿荫丛中。碧香庭前面的曲桥颇有特色，曲桥为不规则的弧形弯曲状，靠近曲桥的叠山，小径回游，栈桥横悬，瀑布溪水，缓缓泻下，园中池水宽广，夏日荷花盛开，摇曳生姿，池畔柳丝低垂，随风飞舞，景色优美，令人陶醉。花园通过迂回的曲桥、挺拔的石山、幽静的竹林、淙淙的瀑布、交错的回廊等景致，使人置身园内如同游览在一幅声色俱全的立体画面中。

卢家花园

郑家大屋位于澳门半岛南端的龙头左巷，面对亚婆井前地。建筑沿着旧城区主干道妈阁街修建，用地呈不规则狭长形，约4 000平方米，南北向较短，东西向纵深达120米。大屋包括建筑和花园，从总体布局上可划分为独立或组合的7组建筑，通过相互穿插形成紧凑有序、主次分明的多层次空间。郑家大屋与卢宅风格一样，属于珠江三角洲传统民居形式。

　　郑家大屋建于1881年，为中国近代思想家郑观应的故居，当年由郑观应协助父亲郑文瑞兴建。郑观应生于广东香山县（今中山市三乡镇雍陌村），七八岁时迁澳门居住。他关心时政，热心西学，孙中山在香港西医书院学习时，常与郑观应在此议论时政，商讨救国救民的途径。1894年，郑观应在此完成其影响深远的《盛世危言》一书，提出"富强救国"的思想。

郑家大屋

郑家大屋入口门楼为凹斗门，又称凹门廊式，坐西向东，为三开间一进深的两层双坡顶建筑，大门外两侧采用经过人工处理的条石作门框，并作线脚处理，是澳门中式民居的基本做法。大门具有防风、避雨以及遮阳的效果，也可借助三开间中的当心间凹进，形成空间层次而加强中轴线。建筑群用一条宽阔的巷道来组织空间，从龙头左巷的入口门楼进去后，穿过月门入笔直的巷道——轿道。沿轿道边上放置了板石凳，据说访客在此下轿，而轿夫则可坐在石凳上等待其主人。巷道北面是大花园，中间青砖隔墙上开有琉璃透花窗，隐约可见花园里葱郁的植物。

轿道南面是一列单层平顶建筑，轿道端头是二门"荣禄第"，曾国荃书写的牌匾悬挂其上，上书"崇德厚施"四个大字，是表彰郑氏父子赈灾有功的。过二门后是一片较为宽阔的前院场地，依次排列了一座回廊式有西式风格的院落建筑、两座以冷巷相分的中式风格主体建筑——余庆堂与积善堂，尽端处是两层高的后门楼。余庆堂与积善堂是郑家大屋中最为重要的两栋建筑，均为三开间面宽，对称布局，前一进两层、后进三层，中间围合成天井布局的民居，建筑材料以青砖为主，墙基则由花岗石砌筑，屋檐下面由灰塑壁画装饰。内天井形状方正，建筑通过天井来解决采光、通风和排水等问题，同时天井作为建筑空间衔接与过渡，有机地联系厅堂、连廊和住房。在空间序列上形成了从前厅到天井，天井到正厅的连续空间。通过对厅堂、住房和天井的空间组织，满足各种生活方式、社会文化和制度习俗等方面的需求。

郑家大屋以青砖墙承重结构为主，在花岗石墙基上砌砖墙，墙上承檩，檩上支椽，椽上铺瓦。木结构采用抬梁式和穿斗式混合的构架，充分发挥了抬梁式构架创造大空间的优势以及穿斗式构架刚性大和抗风性能好的特点。由于南方气候炎热，郑家大屋采用双层瓦屋面的做法，即在单层屋面的瓦垄上再铺一层瓦，瓦上再做瓦垄，上层瓦铺砌到离屋脊20—30厘米处停止，以形成通风孔道，起到隔热和通风的作用。郑家大屋楼面的做法较为讲究，楼面以砖墙承重，架设密密的木梁，再铺两层大阶砖，下层正铺，上层斜铺，中间垫一层黄土灰砂。为了雅观，大屋普遍以木天花遮蔽木梁，再在上面抹沙灰而成，四周有透气的透雕花边，中间有灰塑圆形花饰。

郑家大屋丰富多彩的装饰将澳门的本地文化与外来文化融合在一起，体现了中西文化兼容并蓄的特色。民居外墙以灰塑装饰为主，除了常见的草尾图案及壁画外，更有题材丰富、做工精细、立体生动、寓意深远的灰塑，如福寿双全、松鹤长春、鲤跃龙门、喜上眉梢等内涵吉祥如意的装饰，灰塑装

郑家大屋内景

饰部位主要在檐下、门楣、窗楣、天花以及花园矮墙上。建筑室内的木构件也有许多装饰，如木扇门、挂落、花罩等都以岭南吉祥花果为题材作透雕浅雕处理，并在其上贴金，呈现出一定的富贵气派。西式影响主要体现在平顶建筑与柱廊上，室内采用拱券结构体系，之间无间墙，形成连续的大空间。内廊也采用连续券结构体系，与印度果阿传统建筑极为相似，所采用的芭蕉叶形窗户、葫芦形窗户，以及有果亚特色的连续支摘窗等，都明显有别于中国传统装饰文化，富有异国情调。

第四章
宗教传播与岭南宗教遗址

第一节 佛教建筑

　　始于秦汉的海上丝绸之路，唐代中期之后发展成为中西交流的主要通道。在这条商道上，商人、使节、僧侣络绎不绝，流通着东西方的不同商品。海上丝绸之路不仅仅是一条中外贸易之路，也是宗教文化传播交流的通道。在早期的佛教传播中，就有不少外国或者中国僧人取道海上丝绸之路来到中土，弘扬佛法，如昙摩耶舍、菩提达摩、法显、义净等。同样，在伊斯兰教东传的过程中，海上丝绸之路也发挥了历史性的作用，当时穆斯林商人一手提着货物，一手拿着《古兰经》，乘着海船向东方梯山航海而来，在广州留下了不少伊斯兰教遗迹。16世纪天主教耶稣会传教士入华也大都由海路而来，如利玛窦、汤若望等，他们一方面向中国人传播西方的科学知识和天主教义，另一方面将中国文化介绍到西方，从而在西方形成一股东方热潮。中国既是宗教文化的接受者，也是宗教文化的传播者；而广州是历史悠久的古港，各种宗教在这片土地上落地、发展、传播。

　　而在建筑文化传播途径中，宗教传播成为西方外来建筑文化入华的重要一环。纵观历史与现实，国内遗存的古建筑中有异域风格的建筑，宗教建筑占绝大多数。

　　佛教通过陆路和海路两条道路传入中国，从沿海地区的佛教遗迹以及相关记载来看，岭南即使不能说是最早的佛教传入之地，但也称得上是佛教传入得较早的地方。外国僧人或中国僧人来到中国沿海城市后，往往要进行休整，有的干脆就在当地修建庙宇或直接去当地佛寺进行研习，宣扬佛法。同样，当僧人们取道海路前往他国时，由于候船、季风等因素的影响，也不得不在港口等候，港口城市的佛寺和居民自然受到了不同程度的熏染。昙摩耶舍是第一个有确切记载的取道海路来中国传播佛教的外国僧人，他于公元401年航海抵达广州，创立了王园寺（今广州光孝寺），建大殿五座，翻译佛教经典，发展僧徒。

一、光孝寺

　　光孝寺被称为"广东海上丝绸之路始发港中永久停泊的一艘法界枢纽的

宝船"。① 光孝寺位于广州市越秀区光孝路109号，因其悠久的历史、宏大的规模而被誉为岭南佛教丛林之冠。光孝寺原是南越王赵佗玄孙赵建德的旧宅。三国时吴国名士虞翻谪居在那里，因院里种植诃子树，时人称为诃林，又叫虞苑。虞翻死后，他的后人将宅园改为佛寺，称制止寺。

光孝寺大雄宝殿

时至今日，寺内还有两株高大的诃子树，虽为宋代以后补种，也是弥足珍贵的古木了。东晋隆安年间（397—401），罽宾国（今克什米尔）三藏法师昙摩耶舍云游此地，建大殿五座，奉旨译经，更名为王苑朝延寺，又称王园寺。唐贞观十九年（645）易名为"乾明寺""法性寺"。东土禅宗的初祖菩提达摩到广州后，曾到光孝寺开讲传教。至唐代禅宗五祖弘忍传衣钵时，惠能以著名的"菩提本无树，明镜亦非台，本来无一物，何处惹尘埃"四句偈语，深悟禅机，因此成为禅宗六祖。唐仪凤元年（676），惠能至广州法性寺（今光孝寺）听僧人讲经，恰巧风吹幡动，引起"幡动""风动"之争，惠能以"非风动，非幡动，仁者心动。"一语妙演禅机，震惊满堂，连正在讲经的印宗法师都为之折服。此后，寺中住持印宗法师亲自在菩提树下为他剃度，后人募资建六祖瘗发塔和风幡堂以纪念此事。入宋后，为"乾明禅院"（962），再改"崇宁万寿禅寺"（1111）。南宋绍兴七年（1137），宋高宗发布诏令改寺名为"报恩广孝禅寺"，绍兴二十一年（1151）易"广"为"光"，改定为"光孝禅寺"，寺名沿用至今。

---

① 明生《光孝寺与中国宗派佛学源流述略》，《中国佛教二千年学术论文集》，2003年，第112页。

在最兴盛的时候，光孝寺有十三殿、六堂、三阁、二楼及僧舍坛台等。现存面积30 490平方米，总建筑面积12 690平方米。寺院坐北向南，沿中轴线布置有山门、天王殿、大雄宝殿、藏经楼。藏经楼东、西侧分别为六祖殿和罗汉殿。东院有伽蓝殿、睡佛阁、洗砚池、莲花池、东铁塔、洗钵泉；西院有禅堂、大悲幢、瘗发塔、西铁塔及碑碣刻石等。寺内建筑疏落有致，古木婆娑，巨榕如盖，环境幽雅。

光孝寺西铁塔

光孝寺东铁塔

寺内的大雄宝殿始建于东晋隆安元年至五年（397—401），为昙摩耶舍始建，历代均有重修，南宋绍兴年间（1131—1162）曾大修，清顺治十一年（1654）由5间扩至7间，大殿现仍有唐宋建筑风格，现大殿面阔7间35.36米，进深六间24.8米，四周走廊宽1.46米，高13.6米，建筑总面积1 104平方米，为岭南佛殿之冠。建筑为重檐歇山顶，立面的檐柱间全部开有门窗，斗拱间无拱垫板，其造型稳重又不乏岭南古建筑空间通透的特色。大殿下檐斗拱硕壮，出檐平缓深远。上檐不用斗拱铺作出跳，仅在内檐柱用一跳插拱出跳，出檐较小。上檐与副阶起脊处垂直距离较小，使上下屋顶距离较为接近。屋顶坡度举折较为平缓，下面以平阔低矮的月台承托，使得大殿有庄严、稳固之感。屋脊线从中间向两端缓缓升起，配上优美的屋顶和翼角檐口曲线及屋脊上的各种脊饰，又使大殿平添了几分活泼优雅。柱子为梭形柱，柱础采取石雕须弥座形式，起防潮作用。大殿台基高1.4米，四周绕以石栏杆，望柱头饰雄健的石狮，其余栏杆为后代重制。殿前有宽敞的月台，左右有一对塔式花岗石法幢，七层八角，高4.95米，每层都刻有佛龛，十分庄严稳重。大殿前西南角有石经幢一座，建于唐宝历二年（826），平面八角，高2.19米，幢身八面刻有梵文和汉文大悲咒，故名大悲幢，全称大悲心陀罗尼经幢。幢下基座为力士承托莲花状，幢身上施宝盖，宝盖檐枕与角梁相交处刻出一跳华拱作为承托。大殿东面是伽蓝殿和六祖殿。伽蓝殿为明弘治七年（1494）重建，面阔3间，进深3间，歇山顶、斗拱、格扇都仿大殿所制而尺度缩小，显得小巧玲珑。六祖殿位于伽蓝殿之后，供奉六祖惠能，北宋大中祥符年间（1008—1016）始建，清康熙三十一年（1692）重建，面阔5间、进深6间，单檐歇山顶，前檐下用八角石柱，余为木柱，出檐达2.4米，殿内柱础扁平古朴，用青石筑成覆莲状，梁架上安有驼峰，上刻飞仙，这在广东建筑里比较少见。殿内六祖坐像高2.5米，惠能结跏趺坐，闭目凝思，面露笑容，重现了这位大彻大悟者的风采。六祖殿东邻碑廊，置有六祖像碑等碑刻，是研究六祖及南宋佛教的重要文物。

瘗发塔外观为楼阁式，高7.8米，八角七层，每层有8个佛龛。据说惠能在菩提树下削发后，将发埋于此处，上盖塔以纪念之。瘗发塔历代均有募修，基本上还保持原形。寺内东西两侧各有两座铁塔，分别建于南汉后大宝十年（967）和大宝六年（963），东塔是以南汉后主刘鋹名义铸造，西塔是以刘鋹的太监龚澄枢及侍女邓氏三十二娘联名铸造，是我国现存铸造年代最早的铁塔。两塔的铸造工艺精致工巧，四角七层，各层四面都有一个大佛龛，供奉坐在莲花座上的弥陀佛，大龛外遍布小佛龛。东塔高6.35米，石雕须弥座高 1.34 米，总高 7.69 米，塔身下为莲花铁座，铸成之初，塔外贴金，称涂金千佛塔。西铁塔因护塔房屋倒塌，压崩 4 层，只剩 3 层，残高 3.1 米，现置于寺内西侧碑廊庭中。

光孝寺瘗发塔

光孝寺的古树名木以菩提树和诃子树最为有名。菩提树是继诃林以后种植的，该菩提树非常有名，"光孝菩提"于宋代成为羊城八景之一。唐仪凤元年（676）六祖惠能至此树下，此后菩提树繁殖开来，远传至肇庆、德庆、韶关等地。十分有趣的是，光孝寺的菩提叶浸水后叶质腐烂，剩下叶的细脉如纱，可作为灯纱、书字画的工艺品，而其他寺庙的菩提叶却不行。原植的菩提树于1798年被台风吹倒枯死，今六祖殿前的菩提树是由韶关南华寺取枝再植。诃子树是热带果木，诃林到明代还保存有五六十株，至清初时已绝。今大雄宝殿后仅存的一棵诃子树是清中叶后再植的。

其细节及构件如下：

（1）斗拱。每个人走进大雄宝殿的第一个动作就是抬头。在中国古建筑中这种屋顶净高和墙体高度近似1∶1的设计，加上众多的斗拱的飘檐，让人不自觉地将目光向上移。斗拱已经成为中国古建筑甚至是中国建筑的标志，如上海2010年世博会的主会馆就是根据斗拱的形状设计出来的。大雄宝殿的斗拱都属于三下昂八铺作，仔细分析其栌斗、泥道拱、华拱、交互斗、散斗、瓜子拱、慢拱、齐心斗、华头子、令拱、耍头、下昂、柱头枋、衬方头、撩檐枋等，每一个结构都一丝不苟地数出来。斗拱中的枋与枋间的距离特别大，这恰好与南方地区建筑多通风的设计要求相符合。可以说，斗拱的设计比百叶更胜一筹。百叶的设计是在遮阳板的基础上改造的，它既能有效遮阳，又不妨碍采光和通风，是现代建筑师常用于添加在建筑立面的构件①。有间隙的枋对于整个斗拱来说不只是有利于建筑通风这么简单。设想一下，如果没有三条枋，而是用一块挡板把檐下封起来的话，那么斗拱除了受到垂直荷载外，还会受到风对斗拱所施加的水平荷载。对于一个恰好平衡的结构来说，任何荷载都是致命的。随着斗拱的做工复杂和自重大，慢慢地被追求简洁和轻巧的现代建筑所抛弃，但斗拱不但见证了光孝寺的历史，而且见证了中国建筑发展的历史。

（2）榫。在古代木构架建筑中肯定少不了一样元素，那就是榫。榫是古建筑里所说的梁柱对卯或梁梁对卯，或板板对卯，是在木的一端刨成"凸"字形状，又在另一条木的结合处刨成相反形状的凹处，然后对准两条木的接口位置，用锤子拍打结合。匠人会把榫的大小、形状设计得刚刚好，只需要一锤就可以结合得天衣无缝，因为多次锤打的接口会变松动，不利于建筑，

---

① 陈文涛《光孝寺及古建筑构件研究》，《建筑设计管理》2017年第3期，第92页。

因此需要"一拍即合"。①

二、南华寺

享有"岭南禅林之冠"盛誉的南华寺位于韶关市曲江区马坝镇东南 6 公里处，是禅宗惠能法师的弘法道场。南华寺始建于南朝梁武帝天监元年（502）。据史料记载，印度高僧智药三藏率徒自广州北上，途经曹溪，掬水饮之，甘美异常，四顾群山，峰峦奇秀，宛如西天宝林山地，因而在此建寺。天监三年（504），寺庙建成，梁武帝赐额"宝林寺"。唐仪凤二年（677），禅宗六祖惠能来寺，住持三十六载，弘法道场，成为岭南禅林之冠，南宗祖庭。南华寺曾先后更名中兴寺、法泉寺，北宋开宝元年（968）重修，宋太宗敕赐"南华禅寺"，寺名沿袭至今。明万历二十八年（1600），憨山禅师大力中兴禅宗，僧风日盛。清康熙七年（1688），平南王尚可喜重修全寺。

民国三十五年（1936），著名高僧虚云法师重修南华禅寺。将原来的平面四合院布局改为顺应山势地形的阶梯状并呈中轴线两边对称布局，建筑面积达 1.2 万平方米。虚云法师相地度势，重建殿堂，总计新建殿堂房宇庵塔约 243 栋，新塑大小佛像 690 尊。当时六祖真身像的木龛被白蚁损坏，虚云请出祖师真身，重新装修。另照阿育王塔形式，重新制作祖师坐龛。龛外塑南岳、青原、法海、神会四像侍侧，这使当时的南华寺盛极一时。

中华人民共和国成立后，国家多次拨款重修大雄宝殿、藏经阁、六祖殿、钟鼓楼及其他建筑。1981 年 10 月 19 日至 21 日，南华寺六祖殿重建一新，举行了六祖真身像安座典礼，香港、澳门、广州等地宗教界知名人士和当地僧俗群众 300 多人参加了这一庆典。近年来，筹集资金 100 多万元，新建了禅堂，先后修葺了六祖殿、方丈室、观音殿、大雄宝殿、海会塔、头山门等。海外佛教徒捐赠了 20 多万美元金箔，对大雄宝殿的释迦牟尼佛、药师佛和阿弥陀佛重新装金，对五百罗汉等诸佛重施彩饰，使这座千年古刹焕然一新。

南华寺主要建筑从南至北依次有中路的曹溪门、放生池、五香亭、宝林门、天王殿、大雄宝殿、藏经阁、灵照塔、六祖殿、方丈室。左侧依次是虚怀楼、报恩堂、钟楼、伽蓝楼、客堂、待贤楼、香积厨、斋堂、回向堂、回

---

① 陈文涛《光孝寺及古建筑构件研究》，《建筑设计管理》2017 年第 3 期，第 93 页。

光堂、延寿堂、念佛堂、东贤殿。右侧依次为云海楼、西归堂、鼓楼、祖师殿、云水堂、韦驮殿、维那寮、班首寮、如意寮、禅堂、观音堂、西贤殿。寺东有无尽庵、海会塔，寺后有飞锡桥、伏虎亭、卓锡泉。卓锡泉俗称九龙泉，清澈甘冽，终年不涸，传为当年六祖惠能常在此浣洗袈裟。

现寺庙前建有宽敞的广场，耸立着3间三层楼高的石牌坊。迎面就是南华寺的山门曹溪门，曹溪门又称头山门。进入第一道山门后，就是放生池。池为椭圆形，上建一座八角形攒尖顶五香亭。放生池之西面有根深叶茂的古老樟树。

宝林门是南华寺第二道山门，建于明嘉靖十三年（1534），清、民国重修，门联曰"东粤第一宝刹，南宗不二法门"，横批为"宝林道场"。过宝林门正中拾级而上是天王殿，天王殿建于明成化十年（1474），原为罗汉楼，清代重建改为天王殿，面阔5间歇山顶。天王殿后为一庭院，前有矩形水池，中间立着三孔平桥。庭院两侧有钟、鼓二楼相对，楼始建于元大德五年（1301），明清两代及民国期间重修，钟、鼓楼均为三层歇山顶，檐角挑起，格子门窗。钟楼顶层悬有宋代铸造的铜钟，鼓楼底层立有千佛铁塔一座。

而后的大雄宝殿乃全寺之主体，亦称三宝殿，始建于元成宗大德十年（1306），现存建筑为民国年间移位重建。殿前有月台，四周回廊，重檐歇山顶，门窗为格子式。建筑面积984.37平方米，面阔7间，通面阔35.4米，明间6.58米，次间5.7米，稍间5.3米，尽间2.6米；进深7间，通进深29.25米，平面为双槽副阶周匝式，采用抬梁式构架。殿内正面塑三大佛像，每尊佛像高8.31米，形貌庄严。左右两壁及后壁是泥塑彩绘五百罗汉像，神态各异，栩栩如生。

位于大雄宝殿后方的藏经阁高两层，四周用柱子形成回廊，二层为贯通的跑马廊。藏经阁两端各栽植一株高大的菩提树。

灵照塔初建于唐宪宗元和七年（812），为木塔。宋代改为砖塔。明清及民国多次重修。塔呈八角形，5层，正面有券门可入内。塔内辟有螺旋形阶梯直到塔顶，每层每面均有卷门和小窗，八柱攒尖顶，上置大型铜铸净瓶及铁铸覆盆。

六祖殿内供奉六祖惠能大师、憨山大师和丹田大师的真身。六祖真身坐像通高80厘米，结跏趺坐，双手叠置腹前作入定状，塑像至今已有1 200多年历史。殿内还珍藏有北宋木雕五百罗汉，是我国现存唯一的宋代木雕罗汉像，明代曾涂饰金色。1936年，虚云法师主持修庙时，将大部分木雕罗汉藏在大雄宝殿里的三尊高达15米的大佛的腹中，直到1963年才被发现。现存

360 尊，其中有 133 尊为清光绪年间（1876—1908）因火烧毁补刻的。有 154 尊罗汉身上刻有铭文，从铭文得知这批罗汉雕刻于北宋庆历五年至八年（1045—1048），在广州雕好后运到南华寺。每尊造像都是用整块木坯雕成，包括底座和坐像两部分，通高 49.5～58 厘米，直径 23.5～28 厘米，木料主要是柏木，少量为楠木、樟木或檀香木。罗汉造像形态自然，变化多样，生动传神，雕工洗练，手势随坐式和姿态而变，是十分珍贵的历史文物。

南华寺六祖殿

寺庙后的宝林山古木参天，树木茂盛。寺后有著名的卓锡泉，该泉俗称九龙泉，泉眼出水口为龙头石雕。石砌的九龙泉照壁上雕刻着游云九龙。照壁对着的是入口牌坊，为三间五楼仿楼阁式的石牌坊，牌坊上书"曹溪圣地"，两旁有联曰"一勺甘泉开智慧，了知烦恼即菩提"；而牌坊的正面额上写有"天下宝林"4 个大字，楹联两副"六祖当年寻源卓锡，九龙今日浩气宝云""宝林山是袈裟地，卓锡泉开甘露门"。

九龙泉外，有飞锡桥跨溪而过，桥上建有伏虎亭。沿溪而下，几株高达数十米的古老水杉挺立在溪水之上，水杉已有几百年的历史，是现在世界上稀有的树木。水杉后为虚云和尚纪念堂。山麓密林丛中，还坐落有虚云和尚舍利塔、智药三藏纪念堂、海会塔、无尽庵等。

三、六榕寺

六榕寺是曾经供奉海外佛骨的著名寺庙，位于广州市六榕路。"一塔有碑留博士，六榕无树记东坡"。六榕寺山门上的短短14个字的对联记载了两位不同时代的著名文人与六榕寺的因缘关系，也记载了六榕寺的悠久历史与文化内涵。对联所指的博士，其实就是唐代文学家王勃。王勃于公元675年在探亲途中曾到该寺瞻礼，应寺僧之约，撰文记述该寺始创历史及舍利塔重修之事，并勒石纪念，也就有了现在极具研究价值的《广州宝庄严寺舍利塔碑》；而另一所指的东坡，就是大家耳熟能详的宋代大文学家苏轼，苏轼曾于公元1100年造访该寺，看到寺内有六棵古榕，欣然留题"六榕"墨迹，而这副落款为"眉山轼题并书"的书匾现正悬挂在山门正中。

六榕寺大门

六榕寺至今已经有1 400多年历史,始建于南朝刘宋时期(420—479),当时仅有一座佛殿。梁大同三年(537),内道场(皇室)沙门昙裕法师奉命出使扶南(今柬埔寨一带)等国,返抵广州时因病上书梁武帝,称愿留此寺驻锡弘法,得诏许并分释迦牟尼佛真身舍利供养,得当时广州刺史萧裕护持,于是大兴土木,在殿前造塔瘗藏舍利,并得梁武帝赐名"宝庄严寺舍利塔"。宝塔当时形制为四角六层砖木结构的方塔,四角悬铃。唐高宗上元二年(675)冬,"初唐四杰"之一文学才子王勃(650—676)罢官后再次往交趾(今越南境内)探访其父,路经广州时,因游宝庄严寺,目睹经历百年沧桑的宝塔已修葺一新,雕梁画栋,美轮美奂,欣然应住持宝轮大师之邀,撰写了3 200余字的《广州宝庄严寺舍利塔碑》,盛赞当时胜景:"瑶窗绣户,洞达交辉;方井圆泉,参差倒景。"按碑文所载,彼时,寺院殿堂鳞次栉比,错落有致,雄伟庄严。

六榕寺

南汉时，刘氏宗族女儿出家为尼，居于此寺，宝庄严寺因而改名"长寿寺"，后毁于战火。北宋端拱（988—989）年初，修葺寺院，铸造禅宗六祖惠能铜像，端拱二年（989）重修竣工，时称"净慧寺"。事实上，净慈寺就因建塔而修寺，不过塔焚于北宋初年。到了宋元祐元年（1086），曾任凤翔郡宝鸡县主簿的南海人林修居士与信士王衢等发愿重建宝塔。林修个人捐万金而数百人响应。经三易其址，因梦境所示找到古塔基。此事记载于寺藏的宋代赵叔盎撰于绍圣四年（1097）竣工时所立的《重修广州净慧寺塔记》碑文。碑文中还提到，南海之地，"海舶贾胡，以珠、金、犀为之货，丛委于市。地大物夥，号称富饶"，形象地描绘了广州"海舶贾胡"、南海珍奇荟萃的"富饶"，对了解广东海上丝绸之路上的宗教文化遗址有很大的价值，而且对了解六榕寺和广州海洋文明亦大有裨益。

宋元符三年（1100），因乌台诗案遭贬谪至惠州及海南已7年的大学士苏轼，因诏赦返京，从儋州北归，路经广州时住在天庆观，受官员程怀立和寺僧邀请来寺进香瞻礼。游览之余，见六株古榕盘根错节，苍翠挺拔，如饱经风霜之耄耋老者，于是手书遒劲有力之"六榕"墨宝相赠。后人仰其才德，雕匾悬榜于山门。清乾隆五年（1740）起，净慧寺成为羊城一大丛林。同治十三年（1874），寺庙重修，广东巡抚张兆栋撰《重修六榕寺佛塔记》，自此"六榕"被用作寺名。此后，经明清历史洪流的演变，寺院历经沧桑风雨，几度兴废，虽规模一再缩小，但仍渊源承传。

六榕寺占地面积7 000多平方米。东向的山门依次为天王殿、花塔、大雄宝殿。其北有解行精舍等，其南有碑廊、观音廊、六祖堂和补榕亭等。

六榕寺最著名的建筑物当属花塔，花塔始建于梁大同三年（537），"巍峨轮奂。雄矗天半，海舶收港，引为表望"。南宋方信孺《净慧寺千佛塔》诗曰："九井神光射斗牛，天开宝级镇南州。客船江上东西路，常识嶙峋云外浮。"可见，当时花塔有导航标的作用。北宋初年，木塔被火烧毁；绍圣四年（1097）重新建成这楼阁式砖塔。清同治八年（1869），广州将军札库穆长善奉命来守广州，见六榕寺佛塔零落，风雨剥蚀，乃于同治十三年（1874）主持重修，光绪元年（1875）完工。之后札库穆长善亲自撰写了《重修六榕寺佛塔记》并刻碑，该碑今嵌于六榕寺花岗石浮雕双龙碑框内，高233厘米，宽94厘米，由副都统果尔敏书，碑文称："广州都会，凭山瞰海，为百蛮锁钥，番舶连樯，货宝鳞集。固一大重镇也。"指出了广州在海外贸易上的重要地位以及作为"都会""重镇"的地理价值。

六榕寺花塔

此塔历宋、元、明、清、民国至今，每隔数十年必重修一次，就这样保存了下来。此塔在清初重修之后，"檐壁榱题，红绿白黄，互相辉映，旭升日落，观美如花"，故有"花塔"之称。现在我们所看到的花塔，塔平面呈八角形，每两级间设暗层，外观9层，明暗共17层，高57.6米，朱栏碧瓦，丹柱粉墙。顶层中央竖着元代铸造的千佛铜柱，铜柱穿出塔顶，贯穿着塔刹构件，总重逾5吨，以铜而不用木做刹柱，全国罕见。首层副阶以及各层琉璃瓦檐则为晚清重修时的式样，出檐较浅；第2层及以上的木栏杆是1980年仿宋式斗子蜀柱勾栏修复。塔身密布1 023尊浮雕小佛，还有云彩缭绕的天宫宝塔图，颇具印度佛教艺术传统的风格。

四、华林寺

古代广州是海上丝绸之路的重要始发港和发祥地，"众夷杂处，万商云集"，"舟舶继路，商使交属"，"往来求利"，部分商人定居广州成为早期侨民，因此广州的人口结构早在汉代即具有明显的国际化特点。自东汉建和元年（147）第一个佛教翻译家安世高来到广州后，外国僧人到广州传教、译经及兴建寺庙者络绎不绝。东晋末年，狮子国（今斯里兰卡）使臣经10年跋涉首航到广州，其所献玉佛像在建康（今江苏南京）供奉了近百年。六朝时，外国僧人赴穗传教尤盛于前，影响较大的有求那跋陀、昙摩耶舍、菩提达摩、拘那罗陀（真谛）等。

早在达摩东渡之前，虽有多位印度名僧曾在广州传教译经，但达摩是最为重要的传教徒。他被禅宗奉为初祖，禅宗祖庭虽在少林寺，但广州是其登陆地。达摩远渡重洋，历尽3年艰辛来到广州，在当时珠江岸边的华林寺一带登陆，建"西来庵"开坛讲经，创立禅宗，之后辗转中原传播佛教。达摩登陆的地方，位于今广州西关上下九路北侧西来正街一带，叫"西来初地"。

西来庵历经了隋、唐、宋、元、明、清诸代。清顺治十二年（1655），宗符禅师首建大雄宝殿，次建楼阁堂庑寮室仓厨，并改西来庵为华林禅寺。当时寺庙占地面积数万平方米，寺门设于寺南，山门后，东为地藏殿、华光殿、经坊，西为龙天常住殿，护持其后的大雄宝殿。大殿以东为舍利塔、六祖殿和禅堂，大殿西后方设五百罗汉堂，罗汉堂东有弥勒阁、观音殿、准提楼、怀德堂，罗汉堂后建报恩堂、妙正堂、龙华堂及茂林园，寺内还设钟楼、僧舍等。布局气势雄壮磅礴。

西来初地

华林寺大雄宝殿

华林寺五百罗汉堂门楣

华林寺五百罗汉堂

华林寺在广东海上丝绸之路史上，除了菩提达摩西来初地外，还有两件事可圈可点。一是"五百罗汉堂"中的罗汉。罗汉堂门前有"五百罗汉堂"石额，为道光丙午年（1846）刻。罗汉堂平面呈"田"字形，坐北朝南，面积达1 364平方米。堂中供奉释迦牟尼、阿弥陀佛、弥勒佛，沿墙边列有五百罗汉，姿态各异。其中，位于佛像之左的一尊罗汉像，是意大利旅行家马可·波罗。这位"中世纪世界四大旅行家"之一从遥远的意大利威尼斯来华，很长时间奔波于丝绸之路上，元廷为官10余年，为中外交流做出了杰出贡献。二是罗汉堂中央旧有的一尊阿育王塔。此塔为清代铜铸，高4米，净重750千克，造型优美，精致异常，亦是广东海上丝绸之路的见证之一。

第二节　伊斯兰教建筑

伊斯兰教产生于阿拉伯半岛，7世纪初由穆罕默德创立。阿拉伯半岛统一后，走上了扩张的道路，仅短短一个多世纪的时间便建立了地跨欧亚的阿拉伯帝国。伊斯兰教随着阿拉伯帝国的武力征伐得到了广泛传播，形成了一个地域广大的伊斯兰教世界。就是在这样的背景下，唐宋时期，阿拉伯人、波斯人和侨居的穆斯林商人沿着丝绸之路，把伊斯兰教传到了包括岭南在内的中土地区。

伊斯兰教又称"天方教"，是阿拉伯国家的宗教。中国与阿拉伯国家的来往源远流长。《古兰经》有"为了学问，虽远在中国，亦当求之"的教谕，因此在伊斯兰教兴起后，阿拉伯人及伊斯兰信徒——穆斯林不畏艰难险阻，在烟波浩渺的海上张帆牵星，航行来到中国贸易、传教。随着海上丝绸之路的发展，进入广州的穆斯林商人（当时称为"蕃客""贾胡""胡客""蕃商"）日益增多，他们不少人长期定居在广州从事对华贸易。唐宋时期在广州聚居的外国人之多，在全国也是少见的。他们之中有数十年不归者。官府为了安置和更好地管理这些蕃客，专门在城外划出一地段，作为外国侨民居住之地，称为"蕃坊"，成为穆斯林等海外侨民在广州口岸居住的特殊区域。宋人记载说："广州蕃坊，海外诸国人聚居，置蕃长一人，管勾蕃坊公事。"[①]

为了加强对侨民的管理，官府还任命"蕃长"。蕃长的人选由蕃客推选，并得到官府同意，蕃长有时也由"蕃客大首领"充任，蕃长根据侨居国的法令和本国的惯例行事，管理日常事务并负责招徕海外穆斯林商人，其办事机构为"蕃坊司"。

"蕃坊"是为了照顾侨民的生活习惯、风俗信仰和商业便利而设立的。蕃坊中蕃商众多，他们中有的国家名称成了广州至今仍在使用的街道名称，如"纸节"，实即"大食街"，为大食国（阿拉伯）人聚居处；蕃坊中后来还出现了"蕃学"。这些蕃商有自己的宗教信仰，他们设置了导航塔——光

---

① 〔宋〕朱彧《萍洲可谈》卷二，四库本。

塔，修建了怀圣寺、清真先贤古墓，得到了唐宋广州地方政府的保护及人民的支持与尊重。穆斯林商人带来的象牙、玻璃、香料、犀角等货物名称也成了街名，如今怀圣寺一带的象牙巷、玻璃巷、玛瑙巷、甜水街等，便是当时沿用下来的。住在这一带的居民，马、蒲等姓氏居多，这些姓氏不少源出于阿拉伯人的姓氏，有部分人更是阿拉伯人的后裔。如今住在蕃坊内的人的相貌已经和本土广州人看不出有什么区别了。

一、广州怀圣寺与光塔

广州怀圣寺是我国现存最为古老的伊斯兰教清真寺之一，寺中的光塔是已知的国内孤例。与之齐名的还有泉州清净寺、杭州凤凰寺、扬州仙鹤寺

怀圣寺

等，都是历史悠久的清真古刹。该寺为研究我国海外交通史、建筑史与伊斯兰教宗教史提供了实物资料。它位于广州市怀圣路，南向，入门有修长甬道，幽静清绝，其间区以三门，大门书"清真寺"，二门额"怀圣寺"，款云："清同治辛未（十年，1871）仲秋重修，邓廷桢书"。穿经三门后为看月楼，石壁四面，辟四拱门，正面题"怀圣光塔寺"，款作"唐贞观元年（627）岁次丁亥鼎建，康熙三十四年（1695）岁次乙亥仲冬重建"。看月楼重檐，形制古朴。左右廊庑周接，花木扶疏掩映。礼拜殿位于正中，出石栏台基之上，殿东西列方形对亭，东亭之后复有矩形亭，面西，似寓敞口厅之意。殿后有小院子，东侧有小轩，置可兰经供教徒阅读，西乃浴室。看月楼东廊有门引入小院，客厅面南，前配花坛，楚楚宜人。①

　　光塔整体用砖石砌成，主要是砖墙，内外墁灰。建筑为圆形，有前后二门，各有两磴道。两磴道相对盘旋而上，到第一层顶上露天出口处汇于平台上。在平台正中又有一段圆形小塔，在塔顶装有金鸡，像凤飞翔。金鸡或凤是我国古建筑装饰喜用的题材。到明代，此塔金鸡一再为大风所吹坠。清康熙八年（1669），又复为大风所吹坠，后遂改为今状的葫芦形宝顶。该塔塔身很大，露出地面总高为35.75米。据观测，塔下被土埋部分尚有数米，旧志记载塔高十六丈五尺，则塔下土埋部分尚有许多。②

　　该塔是我国伊斯兰教最大的邦克楼之一，与吐鲁番的苏公塔大小相仿。当时在广州修建如此的高塔，充分说明当时该寺在教徒中的重要影响和当时的物力及人工技巧水平。建塔的目的有四个：①作为船舶的指示探照灯用；②指示风向用；③登塔顶召唤穆斯林做礼拜用；④显示伊斯兰教的威力，使人起敬。③ 此塔因为年代太久，现已倾斜。此种古老的圆形砖塔，使用砖磴道盘旋而上，在我国古建筑中的确很突出。我国的砖砌佛塔，最古老的如唐代佛塔多为方形、砖筒状建筑，用木梯木楼板上下；到宋代，塔的材料多用八角形及砖磴道的砌法，但砌工简单，与光塔的圆形双磴道的精巧技术，远远不能相比。

　　伊斯兰教的砖砌邦克楼磴道技术，提高了我国砖砌佛塔的建筑技术，这在我国工程技术史上有着重要意义。该塔在南宋岳珂《桯史》有记载，可见南宋时此塔即已存在。至于唐贞观时建塔的说法有待推敲，因为那时伊斯兰

---

① 陈从周、路秉杰《广州怀圣寺》，《社会科学战线》1980年第1期。
② 唐国保《广州怀圣寺光塔》，见若愚的博客，http://blog.sina.com.cn/zbzhangweigao。
③ 唐国保《广州怀圣寺光塔》，见若愚的博客，http://blog.sina.com.cn/zbzhangweigao。

怀圣寺光塔

教尚未传到中国。即使那时已传到中国，人数也少，难建大寺及光塔。据雷苏维尔考证，伊斯兰教邦克楼在唐高宗时（673）才出现，并且多用方形的建筑，所以这个圆形双磴道的光塔，如果说是唐代中期"安史之乱"后的建筑，最晚可能为南宋初期。因为现在塔内外全用白灰粉饰而看不出砖的尺寸大小、灰缝砌法、花纹等，也未发掘塔里和地下部分有无装饰雕刻等，所以暂时无法断定其是什么年代的建筑物。

二、清真先贤古墓

清真先贤古墓相传是唐初来华传教的阿拉伯大贤赛义德·艾比·宛葛素的陵墓，古称"回回坟"，又称"大人坟"，是历史悠久、闻名中外的广州伊斯兰教名胜古迹。广州穆斯林逢伊斯兰教节日，或为先人扫墓，必先到古墓参谒、诵经。国内外穆斯林来穗，亦大多到古墓参谒、祈祷。该墓被不少中外穆斯林奉为伊斯兰教的"小圣地"。虔诚的教徒把前来参谒视为一次"小朝觐"。

宛葛素墓

　　该墓是一座陵园式的建筑，坐落在大北路桂花岗今兰圃西侧，四周高墙环绕，分内外两重。外陵中央有宽敞六角亭和莲池、花圃，东西分建礼拜殿、大客堂、水房、茶舍，靠北一堵红色高大牌坊，顶上刻有"高风仰止"四个大字。通过牌坊进入内陵，有石板墓道，通向宛葛素墓室。墓道两旁，布列着几十位历代中外穆斯林名人的坟墓。其间古木参天，郁郁葱葱。墓室上圆下方，顶上有"拱北"，是阿拉伯式圆拱顶建筑，状似悬钟，人在室内诵经，回响移时方止，故有"响坟"之称。墓室中央，一座披着绣幔的阿拉伯式长方形古墓，就是宛葛素的棺椁。

每年伊斯兰教历十一月二十七日，穆斯林集中在古墓举行宛葛素忌辰的纪念活动，俗称"做大人忌"。宛葛素墓曾在清嘉庆二十年（1815）、道光二十五年（1845）和民国二十三年（1934）、中华人民共和国成立后1955年和1964年先后重修。

第三节 基督教建筑

一、基督教传入中国

基督教是世界三大宗教之一，是世界上传播最广、信徒人数最多、影响最大的宗教。该教于1世纪中叶产生于地中海沿岸的巴勒斯坦，原来是犹太教的一个支派，135年从犹太教中分裂出来，成为独立的宗教；329年又成为罗马帝国的国教，并逐渐成为中世纪欧洲封建社会的主要精神支柱。1054年分裂为罗马公教（天主教）和希腊正教（东正教）。16世纪中叶，罗马公教又产生了反对罗马公教的新派，这些新教派统称新教，后来又不断分化，形成繁多的派系。新教与天主教、东正教并称为基督教的三大派别，又称"更正教""耶稣教"，在中国习惯以基督教专指新教。基督教文化遗址包含了新教文化遗址和天主教文化遗址。三大教派的传教士在不同时期进入中国，进行传经布道。

唐太宗贞观九年（635），基督教聂斯托利派传入中国，中国史书称之为"景教"，这是基督教传入中国之始。元朝时，在中国西北边境活动的景教传教士又回到内地，在政府支持下，信徒人数大增。元世祖忽必烈时，天主教也传入中国，与景教统称为"也里可温教"或"十字教"，但流传不广。1368年，元朝灭亡后，该教在中原地区逐渐消失。

15世纪末，欧洲通往东方的新航路被发现后，传教士随着冒险家、商人前来中国。明正德九年（1514），葡萄牙人乘船来到广东沿海。1540年，葡萄牙国王约翰三世要求罗马教皇保罗三世派遣传教士到中国活动。同年，耶稣会士圣方济各·沙勿略奉葡萄牙国王和教皇之命，开始向亚洲传教，并于1552年到达广东的上川岛，这就是最早东来的天主教传教士。天主教又称"公教""罗马公教""旧教"，以区别于基督教新教。"天主"一词，为明末耶稣会传教士进入中国后，借用中国原有名称对所信之神的译称，意为至高至上的主宰。1582年，意大利天主教耶稣会士利玛窦来华，次年与另一位传教士罗明坚在"大陆传教的第一个据点"[①]——广东肇庆传教,被称为"西僧"。利玛窦除在肇庆建有桃花寺(今已不存)外,又到"粤北传教中心"——广东韶州(今韶关)活动。明朝万历二十九年(1601),利玛窦和庞迪我穿着儒服到北京,受到明神宗的召见,这是16世纪西欧殖民势力东来之后到达中国京城的首批天主教传教士。

二、利玛窦与中国内陆第一座天主教堂

说到利玛窦与中国内陆第一座天主教堂,不得不从西方传教士来华传教的历史谈起。近代第一位踏足中国的西方传教士是圣方济各·沙勿略而非利玛窦,现今在台山有座上川岛,岛的北面海边山崖上建有一座小教堂,白色大理石砌筑,不大,中央安放着一具石棺,上面镌刻着圣方济各·沙勿略的名字——1541年,这位意大利耶稣会传教士受罗马教廷与葡萄牙国王派遣前往东方,历经艰辛,终于在1552年从马六甲来到台山上川岛,成了第一个抵达中国的耶稣会传教士。可是由于当时的明朝政府禁止西方传教士进入中国,他只能隔海相望,最后反因水土不服而客死他乡——这位后来被梵蒂冈封圣的传教士,至今仍葬在那座小岛上。

追随圣方济各的脚印,三年后耶稣会又派了一位名叫巴烈图的神父来到远东。这次他搭乘葡萄牙的商船登陆澳门,虽然依旧进不了中国内陆,但他还是在那里建起了澳门第一座教堂。因为供奉的是天主教徒的"婚姻主保"圣安东尼,所以被称为"圣安东尼堂",而澳门的华人则给它起了一个"花王堂"的名字。10年后耶稣会决心培养远东"本土"的传教士,他们在澳门修建了一座规模宏大的"天主之母"神学院,如今澳门最知名的旅游景点"大三巴",就是当年神学院圣保禄大教堂的前壁——可是那时耶稣会的传教士们,却始终未能踏入中国内陆一步。

改变这一局面的就是世人熟知的利玛窦(Matteo Ricci)。1552年,当圣方济各·沙勿略在台山上川岛带着他未竟的心愿无奈地闭上双眼,离开人世时,在意大利的一座小城,利玛窦出生了——犹如天主召唤,他19岁加入耶稣会,25岁便带着圣方济各的遗愿来到了东方,先是在印度传教,30岁时奉召抵达澳门,学了一年中文后,第二年便进入中国内陆,而第一站,就是肇庆。明万历十一年(1583),在圣方济各去世31年后,利玛窦跟随耶稣

[①] 林仁川、徐晓望《明末清初中西文化冲突》,华东师范大学出版社1999年版,第56-72页。

会的罗明坚神父，终于在肇庆西江边的上清湾码头登岸了——他们剃着光头，留着长须，穿着中式的和尚袍，以"西僧"的名义获准入居。当他们向肇庆知府王泮行磕头礼时，这位翰林出身的知府大人，不知道是真的将他们当成"西方的和尚"，还是出于对西方文化的好奇，对他们采取了"十分宽容与接受的态度"。

罗明坚原名 Michele de Ruggieri，意大利中南部人，拿波里（Napoli）大学的法学博士，比利玛窦大9岁，他才是最先进入中国内陆的耶稣会传教士，也正是他把利玛窦带进了中国。1577年和利玛窦一起被耶稣会派往东方。当利玛窦留在印度传教时，罗明坚只身来到澳门。他结识了不少明朝政府的地方官员，并两次前往肇庆拜会两广总督陈瑞、郭应聘和肇庆知府王泮，甚至还在肇庆的天宁寺住了好几个月——正是当时的两广总督郭应聘同意耶稣会派人"入居"肇庆的。对耶稣会来说，这无疑是天大的好事，罗明坚立即让耶稣会派来利玛窦，然后又潜心教利玛窦学习中文。一年后，当两人踏上肇庆的上清湾码头时，这位神父也许还没有意识到，正是他成就了利玛窦在中国近代史的舞台上所演绎的那段中西文化交流的辉煌。

利玛窦和罗明坚入居肇庆后，第一件事就是要建一座教堂。说来也有意思，不论是中国人还是老外，眼光往往大都一致——他们一眼就看中了崇禧塔旁的一块空地。但是当地的乡绅们却不同意，因为在当地人眼里，崇禧塔是传说中西江龙母撑来的竹排所演化的，为了让竹排变成的土地不飘来荡去，所以人们在龙母插竹篙的地方建起了这座崇禧塔，以使这块土地更加稳固。洋人要在塔旁建教堂，恐怕会破坏塔的风水。

于是利玛窦一边通过展示所携带来的西洋镜等洋玩意儿来博取民众的好感，同时请知府王泮前来协调，最后外移一圈，解决了这场风波。而这时罗明坚也回澳门，向葡萄牙商会申请募捐修建教堂的6 000金币。1585年教堂终于落成了，青砖石灰构建，上下两层，虽然不大，却是耶稣会在中国内陆修建的第一座教堂，它按欧洲的式样来建设和修饰，外墙窗户整齐排列欧式浮雕线条，屋顶上还立起了一个用木头钉成的十字架。《利玛窦中国札记》中如此描述当时的仙花寺："建筑结构新颖，颇为美观。中国人一看就感到惬意。这是座欧洲式的建筑物，和他们自己的不同，因为它多出一层并有砖饰，也因为它的美丽轮廓有整齐的窗户排列作为修饰。"在一层圣堂的大厅里设有祭坛，挂着圣母抱着小耶稣的彩绘画像。画像下陈列着利玛窦从欧洲带来的自鸣钟、铜制地球仪、浑天仪、太阳钟和威尼斯三棱镜，以及金色封皮的八卷多种文字的《圣经》及各种装帧精美的书籍，圣堂两旁各有两个房间作为寝室、会客室和图书室，教堂外还加建了花园和围墙。

据说最初利玛窦给教堂起名"圣童贞院"，而肇庆知府王泮则题名"仙花寺"，并让人送来他手书的"仙花寺"和"西来净士"两块牌匾——前者挂在教堂大门上方，后者则悬挂在中堂，对此，一本法国人编写的《利玛窦评传》中曾这样解释道："仙花"是中国人对圣母的一种别称，"寺"则是中国佛教的道场，"听到如此诗意的名字，老百姓立即认为（圣母）就是大慈大悲的观音菩萨"，而利玛窦同意将天主堂起这样一个中国化的名字，自然也巧妙地"拉近了他与肇庆人的距离"。

利玛窦在进行宗教传播的同时也带来了西方先进的文化，促成了中西方文化的交流。

世界上第一幅中文世界地图。利玛窦曾在仙花寺挂了一幅《万国全图》肇庆知府王泮看后很惊讶，于是请他另画一幅，而且不仅要将中国画在中央，地名也要全部用中文来标注。于是利玛窦花了一个多月的时间，专门精心绘制了一幅中文世界地图《山海舆地全图》。就这样，世界上第一幅"中文世界地图"诞生了，王泮后来出资请利玛窦刻板印刷，在全国影响很大，并成了中国日后刊印发行世界地图的样本，其地理学理论至今仍相袭沿用。

中国第一所西文图书馆。仙花寺落成后，利玛窦特意将一个大房间辟为图书室，他把从欧洲带来的一批天文、地理、数学、机械、水利以及城市建筑美术画册等书籍放在里面，公开让人翻阅观看，尽管"图书馆"一词直到清代才出现，但专家们仍然认为，仙花寺的图书室应该被称为"中国第一所西文图书馆"。

中国第一台自鸣钟。利玛窦在仙花寺安装了一台从西方带来的自鸣钟，让王泮爱不释手，请利玛窦也给他做一台，于是利玛窦请来了一位印度工匠和两名中国工人协助，制作了一台非常"中国化"的机械自鸣钟，钟面不用阿拉伯刻数，而是按中国人的习惯采用子、丑、寅、卯、辰、巳、午、未、申、酉、戌、亥十二个时辰来表示时间。自然这也成了中国内地所制造的第一台自鸣钟。

世界第一部中西文辞典。利玛窦曾在澳门学习了十三个月的中文，来到肇庆后又与罗明坚神父合作，花了五年时间编纂了一本中西文对照的《平常问答词义》，又称为《葡汉辞典》——它的问世，无疑就等于打造了一把开启中西文化交流大门的钥匙，而作为世界上第一部中西文辞典，更被后人称为西方汉学研究中一个带有标志性的里程碑。

"汉语拼音源于肇庆"。近年还有学者认为，利玛窦正是从肇庆开始对

《大学》《论语》《孟子》《中庸》《诗经》《书经》《礼经》《道德经》等中国传统文化经典进行翻译的。他的《四书》译稿后来成了所有新来华传教士的语言教科书。而利玛窦运用拉丁文拼音来研读中国语言，用罗马字注汉字音，是汉语最早的拉丁字母拼音方案，从而形成了中文汉语拼音的雏形，有学者由此得出"汉语拼音源于肇庆"的结论。

中西戏剧文化的第一次交流。在仙花寺，利玛窦还接待了中国明代的戏剧大师汤显祖的来访，并专门向汤显祖请教中国的唱腔音律，而汤显祖对这次会面，显然在戏剧创作上也受到不小的启迪，他在后来创作《牡丹亭还魂记》时就增加了一些洋船、洋商、"番鬼"、译者、"三巴"为特征的情节和场景，被后人称为中西文化交流史上的一段佳话。为此汤显祖还特意挥毫写了两首诗：

画屏天主绛纱笼，碧眼愁胡译字通。正似瑞龙看甲错，香膏原在木心中。
二子西来迹已奇，黄金作使更何疑？自言天竺原无佛，说与莲花教主知。

三、石室圣心大教堂

石室圣心大教堂位于广州市一德路旧部前56号，是目前广州最大的一间天主教堂，也是历来广州地区主教座堂。清同治二年（1863）十二月八日教堂举行奠基祝圣典礼，1888年建成，历时25载。创建人是法籍传教士明稽章，后由邵斯接任完成后期工程。①

石室圣心大教堂（以下简称"石室"）是广州最宏伟、独一无二的哥特式建筑物。其历史价值、艺术价值和科学技术在全国教堂中首屈一指。教堂全部用花岗石砌造。由于该教创于东方的耶路撒冷，而兴起于罗马，故奠基时曾分别将耶路撒冷圣母墓地河流上的一块石及罗马的一公斤泥土运来置于基石下。在教堂东西两侧墙下刻有拉丁文 Jerusalem 1863 和 Roma 1863，正是此意。

石室教堂是典型的法国哥特式建筑。建筑格局基本上是法国巴黎圣母院的移植。由于建造年代比巴黎圣母院晚700年，又综合了其他欧洲哥特教堂的艺术成就。在艺术造诣和技术上显得更趋成熟。

---

① 李伟云、龙加林、叶钦《广州宗教志》，广东人民出版社1996年版，第191页。

石室圣心大教堂侧面

　　石室教堂前面有正门 3 道，门面呈后退八字形，上面凹入，称为透视门。一进前门是一个小厅，正中挂巨幅耶稣圣心像，以示堂的命名。二楼是唱经楼，能容纳百余人在此唱圣歌。楼与大堂空间仅以栏杆相隔。音响与视线效果俱佳。

　　石室教堂前西两端是钟楼，在西边钟楼的西、南、北三塔面安装有罗马字钟面的时钟，在东边钟楼内悬挂着命名玛利亚等圣名的铜钟组，分别可敲出 C、E、G 至高音 C 的 4 组音律，敲钟时传出低沉、洪亮、高昂、清脆的钟声。钟楼与首层之间有宽仅 75 厘米的石造旋梯相通，占地面积少而实用。石室最引人注目的是正面两座钟楼上高耸的尖塔，它们是整个教堂艺术显示的顶峰。尖塔为八角形锥体，空心，用铁作接构石块而成。尖塔之下是 3 层楼房，尖塔越往上层线饰越多，越玲珑锋利，最后构成塔尖直刺苍穹的架势。

　　石室教堂正立面外墙是按平面三开间框架和壁柱外露划分三间面房。四根壁柱依楼层分三大柱段。层间设尖顶小亭过渡，柱顶用小八角尖锥塔结束。底层中间透视门尖拱上加有三角形坡顶，顶尖上是玫瑰花窗，在玫瑰花窗上层是三角形的山墙。山墙顶端矗立着十字架。石室的侧立面，保持着哥特式建筑的纯粹风格。强劲的扶壁，斜撑的飞虹，连锁的尖拱，蓬勃向上的无数小尖亭和小尖塔，瑰丽的窗户，是典型哥特教堂的精髓体现。

石室教堂屋面的雨水是顺从壁柱流跨飞虹，穿过抱脚墩，再由雕有兽头的小口流出，结构构造和艺术造型配合和谐。

由于石室是框架结构系统，间墙并不承重，所以侧面窗户是高、大、长的尖拱窗，从而改变了建筑沉重的感觉。

石室教堂内部平面呈拉丁"十"字形（横短竖长），不仅在形式上象征着耶稣背负十字架的生命奉献精神，还表达了天主教的正统观念，而且还出于宗教的仪式实际活动的需要，在十字交叉偏后处即为祭台所在。祭台呈长方形，两侧间有后屏，分别设有圣母玛利亚和圣约瑟小祭台相配，呈"品"字形布局，突出主祭台。

石室圣心大教堂内景

主祭台后面还有近半圆的外槽通道，称祭衣房，用作弥撒前的事务准备。堂内四通八达，整座教堂形成平面空间一气呵成的整体。

　　石室教堂内两侧各有7个划分为敞间的小祭间，内设小祭台、圣功亭，供神职人员做圣事及祈祷之用。在建筑结构上起着支撑稳定侧向推力的作用。

　　石室教堂内的石柱是用8根小柱包围的束柱，柱的直径约1.4米，在磐石基础上拔地而起，延伸向上，强烈的垂直线条如箭矢腾空，苍劲的骨筋似苍龙横世，轻巧跃动，把有限的建筑空间变成丰富而有生命的无限空间。特别是祭台所在的空间，堂顶四面连绵不断的尖拱形穹顶在此处上空交汇，显现腾升和昂然高耸的气势。

　　石室教堂巨大的彩色玻璃是哥特式建筑风格最重要的艺术表现手段之一。在教堂正立面和东西侧立面墙上都有一个直径近7米的圆形玫瑰花窗。窗花心为一小十字，共有放射形花瓣24片，花瓣之间的顶尖上有12个小圆，圆之间又有12个小十字，组成一朵玫瑰图案，整个图案线条生动自然。这些玫瑰花窗由深红、深蓝、紫、黄等彩色玻璃用细雕石条镶嵌，色彩鲜艳调和，在阳光照耀下，五彩缤纷，绚丽无比。人们在室内看，阳光的透映和折射使室内显得变幻无穷，耀眼夺目。

　　祭台后面大窗原镶嵌着巨幅耶稣圣心像，堂内旁边的尖拱窗同样用彩色玻璃镶嵌宗徒的圣经故事，可惜被历次战乱破坏，荡然无存。

　　石室教堂内部装饰显示出简单、朴素、明朗的格调，重点装饰一些线饰和图案，柱顶端刻有麦穗图案花纹，每两根巨柱间所构成的尖拱两边，分别刻有两个小圆圈，圈内刻有小十字图案花，重复出现。

　　石室教堂的石作技术是高超的。结构精确，石面精细而精致。线脚精巧，可称鬼斧神工。石块用桐油糯米浆砌结，缝细平直，内外的无数雕饰是用花岗石细雕而成，气象万千，变化多端，连玫瑰花窗棂都是用石块雕成且拼合得天衣无缝，工艺惊人。

　　石室教堂的建筑，作为天主教堂的精神功能场所，主要体现超脱红尘的宗教感情。人们通过石室广场，从视觉中感受到对天国的向往与信仰；当登上五级台阶走入门内，只见两边列柱林立，堂中空间高达28.7米，在这窄高、狭长异乎寻常的比例尺度之下，个人显得如此渺小，从而引起对宗教的幻想。

　　石室教堂艺术造型具有炫耀的名贵华丽感，但整体是崇高庄严的，设计师和工匠们把想象中的天国搬到人们直观现实的世界中来，可以说是中世纪

石室圣心大教堂玫瑰花窗

审美理想历史的再现。因结构、构造和艺术造型配合和谐，建筑的逻辑系列表现得坦率、明朗，雕饰生动风趣，所以说石室的建筑艺术，实为历史巨作，所具有的文物保护价值是非常高的。它虽是外国建筑文化的输入，却在中华大地放出异彩。

四、沙面露德圣母堂

露德圣母堂位于沙面同仁路 22 号（今沙面大街 14 号），建于清光绪十六年（1890）。该堂花园南边建筑是一座圣母山，安放着露德圣母像。

露德圣母堂原是为法国驻穗领事馆的教徒过宗教生活而设。中华人民共

露德圣母堂

露德圣母堂内景

和国成立前,露德圣母堂的神父多由外籍传教士担任,中国籍神父在此任职较少。"文化大革命"期间,其宗教活动停止,1982年12月8日经过修缮重新开放。

露德圣母堂是典型的哥特式建筑。简单的巴西利卡式平面,采用中式的南北坐向布局,单尖塔哥特式样。教堂的外部造型由高耸的钟塔和矩形的礼拜堂组成,入口钟塔式塔楼与陡峭尖顶结合的方式,装饰精致,塔楼和礼拜堂的侧墙面刻意突出了垂直的尖拱、尖券窗及小尖塔,线条分明清晰,钟塔的三面均有简化的玫瑰窗,仅仅做成凹进的圆窗洞形式,礼拜堂的圆形高窗反而保留了玫瑰图案的符号。由于建筑的体量较小,也没有尖顶拱券、飞扶壁这样的结构形式。省略技术难度大的结构体系和造价昂贵的彩色玻璃,注重高、直、尖、细的视觉效果,做一些复杂的檐部处理等,都是哥特式建筑的惯常手法。露德圣母堂的檐下和女儿墙都有浅浮雕式装饰构件,立面横竖线条的分割比例也较好地表现了上述设计特点。教堂采用青砖砌筑,楼顶为钢筋混凝土梁板结构,建筑室内外均无雕像和壁画,所有的装饰线脚是挑砖塑出,室外仅在主立面门廊有花岗岩基座,中世纪哥特式建筑的奢华的风格并没有体现出来。这里面的原因有很多,主要还是考虑到经济因素和吸取当地的一些建筑建构方式,形成具有自身特色的教堂。

第五章
华侨文化影响下的碉楼建筑

第一节 华侨文化和碉楼

广东省五邑地区（开平、新会、台山、鹤山、恩平）的碉楼是具有鲜明侨乡特色的地域性建筑。开平市是岭南地区碉楼分布的中心，也是碉楼数量最多的地区。据普查，开平的18个乡镇现存碉楼1 833座，俗称"中国碉楼之乡"。开平碉楼从明朝后期开始建造，清末民初达到高峰。碉楼是当地长期动乱的社会环境与兴盛的移民文化共同催生的结果，是集防御与居住功能于一体，融中西建筑特色于一身的多层塔楼式建筑。2007年6月，"开平碉楼与村落"这一项目被列入"世界文化遗产名录"。

一、华侨文化

五邑是中国著名的侨乡，有着极其鲜明的侨乡文化。五邑人向海外移民的历史最远可追溯到唐代。唐玄宗开元二十三年（735），新会划归广州管辖，成为广州通往东南亚的重要通道。五邑人通过陆上交通前往东南亚地区经商。唐僖宗广明元年（880），黄巢起义军由福建、江西向广州、新会一带挺进。五邑人为了避免兵燹，纷纷随阿拉伯商船，沿着海上丝绸之路，到东南亚国家避难。南宋祥兴二年（1279），南宋军与元军决战于崖山，后南宋灭亡。为逃避元军的镇压，又有大批五邑人流亡海外。明末，新会先后发生了数次武装起义，每次起义失败后的义军余部大多怕遭到报复，逃到海外求生去了；清初的"海禁"与"迁界"造成沿海人民流离失所，无以为生。因此，五邑又有不少人选择了冒险出洋谋生。清嘉庆年间（1796—1820），新会人张保仔纠集五邑破产贫民和游民以香港岛为基地，袭击过往的洋船、官船和商船，杀人越货。张保仔降清后，其部下有几万人拒绝投降，逃到东南亚等地。

16世纪，西方殖民者在南洋建立殖民统治，为了开发和掠夺资源财富，对华人实行招徕政策，促成大量五邑人移民东南亚。1848年后，因美国、澳大利亚、加拿大、新西兰等国需要大量廉价劳动力开发金矿和修筑铁路，五邑地区出现了国际性的移民高潮。据统计，从1840—1876年，五邑被运往美国的"契约华工"多达124万人。今天，人口百余万的台山，旅居海外的台山籍同胞就有110多万；开平现有人口68万人，而旅居海外的则有75万。

碉楼在五邑当地又被称为"炮楼"，因为最早的碉楼是用来防御盗贼而修建的。但随着水上航路的拓展，地区动荡的治安环境以及海外劳动力的需求，在鸦片战争以后五邑地区出现了向海外移民的热潮。漂洋过海的五邑华侨经过几十年的筚路蓝缕，艰苦奋斗，有了一定的财富积累。致富之后，他们首先想到的是三件事：回家建房、娶个媳妇、置办田产。这种心理和行为与中国其他地区在外或经商，或做手工业，或种田的移民没有什么不同，山西和徽州商人中也有同样的现象，只不过开平移民是流向海外罢了。中国移民普遍都有一个心理和行为现象，那就是不管自己在外受了多大的累、吃了多大的苦，回家时一定要风风光光，才能称得上"衣锦还乡""光宗耀祖"，而开平碉楼的建设就是以华侨大量侨汇的流入为经济基础的。从清末开始，开平就有华侨回乡，这些华侨在当地被称为"金山客"，基本上都带有一口

开平碉楼

或数口大木箱或皮箱，也就是所谓的"金山箱"。现在的侨屋和碉楼中还经常可以看到这些华侨遗物。这种箱子是财富的象征，里面装满了西方的生活用品，如衣料、金银首饰等，所以开平民间就有流传"金山客，无一千有八百"，"金山客，金山少，满屋金银绫罗绸"的民谣。这样张扬地回乡建新房，自然就容易惹来土匪。土匪就把回乡的华侨及侨眷作为猎取的目标。乡民们为了保护自身生命和财产安全，遂盖起了一幢幢富有异域风情的碉楼建筑。

二、开平碉楼起源

开平碉楼的兴起，与该县的地理环境及社会治安有密切关系。开平地处偏僻，山岭纵横，林密人稀，位于恩平、新会、新兴等县的交接之处，属"四不管"地带，政府统治力量鞭长莫及，社会治安状况相当恶劣，匪患不断，对当地人民的生命及财产安全造成了极大的威胁。宣统《恩平县志》记载："本邑地瘠民贫，向少楼台建筑。迩因匪风猖獗，劫掠频仍，惟建楼居住，匪不易逞。且附近楼台之家，匪亦有所顾虑。故薄有赀产及从外洋归国，无不百计张罗勉筹建筑，师古人坚壁清野之意。当夕阳西下，挈眷登楼。甚至贫苦小户，家无长物，仅有妻儿，亦通力合作，粗筑泥楼，用资守望。"可见促使五邑地区兴建碉楼的主要原因，是当地社会治安的恶化，劫匪横行，侨眷或非侨眷，不分贫富，纷纷筑楼以自卫。所以，恩平有"村村有碉楼，村村有更夫"的民间俗语。《开平县志》中也有记载："自时局纷更，匪风大炽，富家用铁枝、石子、士敏土建三四层楼以自卫，其艰于资者亦集合多家而成一楼，先后二十年间全邑有楼千余座。"①

除了匪患之外，大规模械斗也是当地人建筑碉楼的原因之一。从明朝开始，就不断有客家人从省外进入五邑地区，与当地土著居民不断发生争斗。其中道光年间（1820—1850）的一次大规模土客械斗持续了近10年。广东按察使于荫霖《严禁州县械斗办法》（见《开平县大事记》）记载："粤省民情强悍，每因睚眦小怨，或田山细故，辄去不候官断，便招雇外匪或亡命之徒，约期械斗。主斗之人，大率其族数百人、千余人附和，或数村、数十村购买洋利器，如洋炮、洋枪……无一不有。又有高筑寨墙，建造炮台。有相互攻击三五年，争斗不已……临斗之时，对放巨炮。若攻入彼村，即恣意焚

---

① 《开平县志》（余志）卷五《舆地下·风俗》，第10、11页，民国二十二年刻本，民声印书局。

杀搜抢……斗败之村，往往丧失一二年或数十年之资产。"《开平县大事记》中记载，民国十四年（1925），赤水方、谭两姓因争一小土川，发生纠纷，双方各筑炮垒，挖战壕，势将开火，后被劝阻。

另外，开平碉楼的兴建，也与历代的地方政策有关。明中期以后，官逼民反，农民起义此起彼伏，为了有效地剿灭义军，当地官员鼓励地主兴办地方武装，结寨自保。《开平县志》（余志）卷十九《前事略一·明》记载："英宗天顺六年（1462）壬午春，广西贼寇新会，县丞陶鲁募兵讨平之。时居民多被掳掠，鲁招募邑子弟有恒产者，号勇敢兵讨平之。于邑西北当贼骑之冲相之地为寨，寨各有长；相险为长堵，置炮火，设逻卒以伺贼。贼将至，一寨有急，诸寨必应。"该书中还记载，清朝初年，政府为强化地方治安："出示晓谕，合村庄墟场镇市搭盖望楼，令更夫轮流瞭望，一有盗警，鸣锣击鼓，齐集救护，则各匪无间可乘，不敢复行觊觎。水陆路如指臂之相使，首尾之相应。官民上下联为一气，地方岂有不安静者哉。"

最后，值得注意的是，开平地区每年夏秋季节受台风影响较大，往往遭受风灾、洪涝侵害。据《开平县志》（余志）记载："数百年前之开平东南半部皆海坦（滩）"，地势低洼，一旦遭遇暴雨或海啸，便成泽国。而开平地区传统的"三间两廊"式的民居以一至二层为主，遇到洪水很容易被淹没，因此在平原地区建造的碉楼往往还具有抵抗自然灾害的功能。例如，《开平县志》在描述三门里"迓龙楼"时便写道："光绪甲申，大潦（指水灾），村人登楼，全活。"另外，苍城镇旺岗村委会冯屋村有一座7层碉楼，名为"救命楼"，就是因为每当洪水暴发，村民便需躲入碉楼中方能安然无恙。

现存地方文献记载的五邑侨乡的早期碉楼都在开平。民国二十三年（1934）《开平县志》（余志）中描述了其中的4座碉楼：

瑞云楼，在驼驸井头里。清初关子瑞建，楼高三层，壁厚三尺六寸，全用大砖砌筑，藉避社贼之挠。

迓龙楼，在驼驸井三门里。规模与瑞云楼同，亦清初关圣徒建，以避贼者。光绪甲申，大潦，村人登楼，全活。

奉父楼，在那囤龙田村。清初，盗炽，许龙所妻某氏被虏。子益将备金议赎。某氏语使人曰："母不必赎，但将此金归筑高楼以奉尔父足矣。"是夜投崖而死。益将遵命筑楼奉父。日久颓圮，后乃改为"在平家塾"。

寨楼，在棠红乐仁里，清乾隆三十八年建，楼高六丈，壁厚五尺，分设房舍十六间，四间甬巷相通。内有井泉备用，以铁门守卫，俨然一寨垒也。咸丰客匪之乱，乡邻被屠，惟奔避楼中者得免。

第二节　从开平碉楼看中西建筑交融

开平碉楼源于19世纪末20世纪初，随着侨乡文化的发展而鼎盛于20世纪二三十年代，是融中西建筑艺术于一体的乡土建筑群体。开平的碉楼主要分布于塘口、赤坎、百合、蚬冈等四镇，这四镇的碉楼数量占了开平碉楼总数量的2/3以上。开平的碉楼最盛时有3 000多座，现还存有1 833座。从建筑形体看，碉楼基本上都是单体建筑，其建筑风格既有中国传统硬山顶式、悬山顶式，也有国外不同时期的建筑形式，如希腊式、罗马式、拜占庭式、巴洛克式等，还有中西合璧混合式、庭院式等。它的最大特点是按照主人自己的意愿选取不同的外国建筑式样和建筑要素糅合在一起，自成一体。这些不同风格流派的建筑元素在开平碉楼中和谐共存，表现出特有的艺术魅力。

尽管现存的1 833座碉楼造型各异、千姿百态，但是我们可以从它们的立面上找到共同点，碉楼的外形下部简单，上部造型复杂、装饰华丽。下部没有过多凸出或凹入的装饰构件，目的就是防止土匪攀爬，最具表现力的上部造型彰显了碉楼主人的财富实力，带有异域色彩的穹顶、山花、柱式等建筑元素在这里得到了着力运用，形成了碉楼千变万化的风格，这也是开平碉楼最引人入胜的地方。

根据建筑外立面造型，我们可以将开平碉楼分为传统式、平台式、柱廊式、城堡式和混合式。

一、含蓄内敛的传统式

早期碉楼以传统式比较普遍，多分布在山区等偏远的地方。传统式碉楼楼体简洁，体量不大，整体封闭，上部一般无挑台和露台，有的碉楼四角有凸出的角楼。传统式碉楼的外观绝大部分以中式传统建筑元素为主，采用传统的斜坡屋顶，山墙有三角形，也有采用传统的镬耳山墙，墙体常见砖、夯土或石墙，偶尔可见某些碉楼的窗口或山墙有着西方装饰的元素。传统式碉楼是之后其他种类碉楼的基础，随着西方建筑艺术和建筑结构、建筑材料和技术的传入，开平碉楼旧貌换新颜，样式开始发生某些变化。

　　大沙镇竹莲塘村的竹称楼、小陂村的景星楼，月山镇龙现村的石文楼、东兴里的门楼等都是典型的传统式碉楼。最典型的代表是开平现存历史最早的迎龙楼。坐落在赤坎镇三门里的迎龙楼，坐西北朝东南，据资料记载，建于明朝嘉靖年间（1522—1566），占地面积152平方米，建筑面积458.10平方米，楼高3层11.4米，为全村的制高点。墙体自下向上略有收分，形体厚重稳固，防御性特征明显。极少额外的装饰，风格拙朴，屋顶为传统的硬山顶样式，第1、2层为明代原构，用明代土法烧制的大型红泥砖砌筑，墙体厚达93厘米，是开平碉楼砖楼中极其珍贵的历史遗存。第3层为民国九年（1920）用青砖加建，墙体减薄，开窗比第2层大。迎龙楼楼体造型厚实简洁，四角有向外凸出的角楼，角楼上4个方向都开设了射击孔，扩大了瞭望和射击范围，以抵御外敌。迎龙楼基本上呈现传统建筑的风貌，代表了开平碉楼的早期形态。月山镇东兴里的门楼，是一座有着硬山顶的3层结构砖墙建筑。整座碉楼没有过多的粉饰和修葺，下面两层没有开窗，一层正面有着矩形大门门洞，上方挂着刻着"东兴里"的匾额，这面墙向内凹进十几厘米形成前屋檐。二楼每面墙身上都有射击孔，正面墙上有一个直径30厘米左右的圆形小窗，从这也可看出二楼主要起防御反击作用。三楼呈半开敞

迎龙楼
（摘自陆元鼎《岭南人文·性格·建筑》）

东兴里门楼
（摘自邓其生、曹劲《广州古代建筑与海上"丝绸之路"》）

状，因其正面上部有 3 个传统的券洞，中间一个为折角矩形，左右两个拱形券洞对称分布。门楼 2、3 楼的左右两侧突出两个厢式"燕子窝"，像碉楼的两个"耳朵"，其平面呈圆角矩形，上部开窗，底部和四周都开设有射击孔。

二、简明大方的平台式

平台式碉楼的特征为楼体顶部没有突起的覆顶，而是带有女儿墙的平屋顶，造型显得开放，门楼和大部分众楼都可归于此类。这种碉楼常常在一面或多面带有挑出的平台，轻快的挑台、造型变化丰富的女儿墙、装饰性极强的山花，整齐的门窗和简洁的楼身等要素共同构成简明大方的平台式碉楼。平台的围栏大部分是实心混凝土栏板，外侧进行了各种精心的细部处理，比如楼名匾额、中国传统吉祥图案、几何图形等，大大增加了其装饰性；也有使用宝瓶造型作为柱栏的通透栏板，还有部分围栏采用西方华丽的古典元素，古罗马建筑中的多立克、爱奥尼克、塔司干风格的栏杆都有所运用。有的碉楼在屋顶上置有凉亭，这些亭子有穹隆顶、圆攒尖、六角攒尖等，也有带了西式山花的平台。从外观上来讲，凉亭使整座碉楼的构图更加完整，在功能上，又为在平台上纳凉和瞭望的人提供了遮阳避雨的方便。平台式碉楼简洁大方、经济实用，易于建造，这些造型都有效地展现了西洋建筑的特征。例如塘口自力村的养闲别墅、云幻楼、振安楼，沙冈镇杏美村的崇礼楼，沙冈镇东溪村的辉萼楼与敦睦楼，马冈镇公安墟的贤昌楼，月山镇东安村的文昌楼等都是平台式碉楼的典型代表。

云幻楼建于民国十年（1921），由一位旅居马来西亚的华侨方文娴出资建造。此楼是钢筋混凝土结构的居住楼，坐落在约 0.5 米高的基座上，基座护栏以绿釉宝瓶为柱栏，整体高 5 层 18.88 米，正门前有一对巴洛克式的立柱。碉楼的整

平台式碉楼云幻楼

体造型比较统一，第5层前面出挑平台的两角有凸出的方形防卫台，挑台的实心栏板正中是写着楼名的牌匾，左右呈对称分布有圆形花卉图案和卷草纹式样的灰塑图案。屋顶是四周有宝瓶式栏杆的平顶天台，5层出平台的入口拱券门廊带有丰富的巴洛克山花，点缀着简约的楼体，是该楼引人注目的地方。拱门和山花中间的长条形牌匾上用小字刻着该楼的建造时间，这个拱券门廊也使上下两层天台的过渡变得缓和。中下部楼身上每层的线脚和西式的窗楣，给素雅的楼梯带来了一些活泼和生气。

三、典雅富贵的柱廊式

柱廊式碉楼的数量在开平碉楼中算是比较多的，其典型特征是碉楼顶部有一层或两层的柱廊，这些柱廊多为步廊，有一面柱廊、两面柱廊、三面柱廊和四面柱廊之分。有秩序排列着的西式立柱与拱券结合，使碉楼上部呈半开敞状，碉楼整体也显得典雅富贵，"洋气"十足。西方的柱式源自于古希腊，柱式原本是一种结构方式，就是石质梁柱结构体系中各个部件的样式与它们之间组合搭接方式的完整规范，后来又演化出一种依附于结构式的艺术形式。柱式是欧洲主流建筑艺术造型的基本元素，其适应性很强，特别是经过希腊晚期和古罗马时期的改造，产生了多层组合和与拱券结合的方式。开平碉楼的柱廊融合了各种风格形式，拱券造型多数是采用古罗马的券拱。此外，在开平碉楼中也能见到具有欧洲中世纪哥特式建筑风格的尖券拱和具有伊斯兰建筑风格即富有装饰性的花瓣形券拱。格式券拱的运用使碉楼呈现出各种建筑风格。虽然没有严格按照规范标准设计，但是也不乏美学方面的考虑，同时兼有巡逻、纳凉、瞭望等实际的功用。柱廊起着衡量空间尺度的作用，也具有楼身和屋顶之间的过渡者的功能，在造型上形成明快、开放、休闲的表征，使碉楼建筑立面华丽丰富。柱廊在阳光下形成的光影变化更是增加了其柔美多姿的艺术魅力。柱式和拱券的变化形成了极为丰富的体形特征，典型的例子有连登村的连登楼、百合镇齐塘村委河带村的雁平楼、赤坎镇牛路村的耀华楼、塘口镇自力村的居安楼、振安楼和竹林楼等。

耀华楼为四面柱廊式碉楼，楼身周边有牛腿托脚支撑的挑台，拱券置于挑台的实体栏板上，每面的5个拱券相同，中间的券顶是平的，两旁是幅度稍小的半圆拱券，碉楼正面柱廊上方的中央是镶嵌楼名的牌匾和山花，碉楼顶部一层面积较小，正面具有单面柱廊和巴洛克涡卷的山花。

竹林楼是一座单面柱廊式碉楼，它的独特之处在于单面挑台的长度大于碉楼正面的宽度，也大于圆拱券和方柱组成的柱廊的宽度，突出于楼身之外，而方柱与挑台的实体栏板交融，把挑台与楼身紧紧地包容在一起。

四、神秘威严的城堡式

城堡式碉楼主要借鉴了中世纪教堂顶部高耸的塔尖装饰和欧洲城堡封闭的圆柱体"箭塔"的建筑要素。欧洲的城堡也是防御性的建筑，最初以方形的箭塔来加强城墙的防御力，后来则改为圆形的箭塔。因为方形箭塔的角落会很容易受到夹击，使整个箭塔极易受创，而圆形的箭塔则更具有抵抗力，可以在四面八方开设射击孔，使它们更具有向下攻击的能力，扩大了防御范围。这应该是出洋到欧洲的华侨在国外久居，认识到了城堡"箭塔"的功能和强大作用后，取长补短地把它引入家乡碉楼的建设中来，抑或是外国的专业设计师根据当时开平民众的需要把"箭塔"设计进来。不管怎样，开平碉楼借用了欧洲城堡这一建筑构件是一个成功之举。由于碉楼占地面积较小，在纵向上将多种元素紧密地组合在一起，形成一种集中式构图，楼体的开窗

城堡式碉楼中坚楼

城堡式碉楼适庐

（摘自邓其生、曹劲《广州古代建筑与海上"丝绸之路"》）

和设计孔的尺寸上除了满足实际使用时的最佳大小外，还注意与其上下的造型风格相协调，比前两种碉楼的外观更为封闭。外观封闭但变化丰富，给人一种内敛神秘而又威严、坚固的小型城堡的感觉。这种碉楼均为钢筋混凝土结构，楼体坚固且防御性好，墙体上窄下小的瞭望、设计孔又打破了沉闷，使其富有生气。例如塘口镇庆民村的捷安楼、百合镇仁和村的卫安台、虾边村的适庐，尤其以百合镇的中坚楼最为典型地体现了这种风格。仿欧洲中世纪城堡式的碉楼建筑形体比较大，挑台部分多由一圈拱廊组成，四角有塔楼式圆柱形瞭望台（小穹顶或尖顶），烘托出屋顶中央更为高耸的瞭望台（穹顶或尖顶），气势非凡，如百合镇虾边村的适庐和蚬冈镇的庆云楼。

五、华丽富贵的混合式

单纯是传统式、平台式、柱廊式或城堡式的开平碉楼并不多，更多的是两种或者多种造型的混合体，如平台式与柱廊式混合、平台式与城堡式混合、柱廊式与城堡式混合，或多种混合在一起，这些形式都普遍存在。至于碉楼中各种细部构件的折中混合和任意搭配更是千变万化，没有规律可循。这恰恰反映出建筑的参与者不仅仅有国外专业的设计师，也有当地的水泥匠。这种风格的碉楼造型复杂多变，装饰繁复，华丽富贵。

平台式与柱廊式混合的例子有塘口镇自力村的居安楼、竹林楼，永安村的兰亭别墅，塘口镇庆民村的东山楼，百合镇坪口村的卫祺楼，长沙镇祝华坊的振声楼等，特点是挑出的平台上建一半封闭的房间留一半露天平台，柱廊作为房间与平台的过渡空间，或者是顶层留出"阳台"式空间，又由柱廊将阳台封起来；平台式与城堡式混合的例子有塘口镇永安村的无名楼、塘口镇联冈里的北乐楼、塘口镇东和里的居安楼，它们的特点是封闭的平台式碉楼在角部多了

混合式碉楼升峰楼

（摘自邓其生、曹劲《广州古代建筑与海上"丝绸之路"》）

圆柱体的防卫台，连接了柱廊的两端，或比柱廊高一层。多种造型高度混合的例子有塘口镇安荣村的强亚楼、塘口镇庆民村的寿田楼、塘口镇自力村的铭石楼、蚬冈镇锦江里的升峰楼和瑞石楼等。

混合式碉楼瑞石楼及其正立面图
（摘自邓其生、曹劲《广州古代建筑与海上"丝绸之路"》）

号称"开平第一楼"的瑞石楼，无论是高度还是外观，都是其他碉楼所不可比拟的。楼高9层，顶部有3层叠放有序、渐次收分的亭阁，碉楼顶部的造型和装饰将西方建筑风格发挥得恰到好处，其中尤以四角的罗马穹隆顶和顶部的拜占庭穹隆顶造型最为显著。瑞石楼楼身的装饰比其他碉楼更为精细，第5层楼身顶部外墙上凸出的仿罗马拱券线条使碉楼上部和下部过渡自然，将两者有机地联系了起来。四角别致的壁柱巧妙地充当了挑台的托脚，改变了其他碉楼中常见的托脚形式，向上部过渡自然，增加了视觉方面的美感；第6层爱奥尼柱式与拱券组成的回形柱廊挑出楼身；第7层是平台，四角建有穹隆顶的角亭，南北两面装饰有巴洛克风格的山花图案，正面中央的楼顶匾额上用刚劲隽秀的字体刻着"瑞石楼"；第8层平台中矗立着一座西式的塔亭；第9层小凉亭的穹隆顶罗马风格浓重，占据着整座碉楼的制高点，上部呈梯台状分布，随高度逐层减小的造型使碉楼整体更显得挺拔秀美。

第三节　碉楼特色

　　碉楼从建筑材料上看，有石楼、三合土楼、青砖楼、钢筋水泥楼4种。

　　石楼主要是用山石加工成规则的石材砌筑而成，或者用天然石块自由垒放，石块之间填土黏接，建筑一般只有二、三层，外形粗糙简单，却坚固耐用，这种碉楼数量极少。

　　三合土楼，包括泥砖楼和黄泥夯筑楼两种。泥砖楼是将泥做成一个个泥砖晒干后作为建筑材料。在建筑泥砖楼时，往往在泥砖墙外面抹上一层灰沙或水泥，用以防御雨水冲刷，从而起到保护和加固的作用。黄泥夯筑的碉楼是用黄泥、灰石、砂、红糖按比例混合搅拌为原料，然后用两块大木板夯筑成墙。这样夯筑而成的黄泥墙，一般有1尺多厚，其坚固程度可与钢筋水泥墙相比。

　　青砖楼包括内泥外青砖、内水泥外青砖和青砖砌筑3种。内泥外青砖楼，实际上就是上面说的泥砖楼，只不过在泥墙外表镶上一层青砖，以增加美观和延长碉楼的使用寿命；内水泥外青砖楼，是里、外青砖包裹，中间用少量钢筋水泥，使楼较为坚固，但又比全部用钢筋水泥省钱，而且美观；青砖楼则全部用青砖砌成，比较经济、美观、耐用，适应南方雨水多的特点。

　　钢筋水泥楼则是整座碉楼全部用水泥、砂、石子和钢筋建成，建成后极为坚固耐用，但由于当时的建筑材料靠国外进口，因此造价较高。

　　碉楼平面有两种，一种是集居布局方式，如众人楼。碉楼平面中间为通道和楼梯间，两旁为房间，房间比较狭小。因这种碉楼为几户共同出钱建造，故每户每层都可以分得一间房间。碉楼的使用功能是：底层作储物用，堆放水缸和禾草，并作厨房。第2层住人，放粮食。第3至4层为各户年轻人居住并作瞭望守卫用。平时碉楼是空闲的，一旦有紧急情况，或到了晚上，各家老少都到碉楼居住，以确保安全。碉楼的另一种平面仍旧是传统的三间两廊式，但内部分隔比较灵活，如居楼。由于普通的碉楼受方形平面轮廓的限制，住户生活使用不便，于是，吸收本地庐宅的优点而产生了裙式碉楼。这种楼房住宅好似碉楼加裙房，具有碉楼挺拔峻峭、防御性强的优点，又有庐式住宅开敞通透的特点。其平面布局是：在碉楼的前部加建一座两层的建筑，内有客厅、餐厅、厨房，平日是家人聚集、用餐和生活的地方；而碉楼内的各层房间则作为卧室。客厅像庐宅一样，比较宽敞，通风采光也好。一旦有事，家人可立即撤进后面的碉楼。有的碉楼内还有水井，楼上则藏有粮食，这样就可以据楼固守，保证安全。

　　碉楼外观造型一般分为三部分，即楼身、挑台和屋顶。楼身为实体，四周各开小方窗或狭长形窗，可通风采光换气，外形坚实稳固。挑台的形式有做成实体开小窗者，也有做成拱廊或柱廊的形式者。挑台之上为平台，亦称露台，外有栏杆。挑台的特点，除拱廊外，四角有凸出的瞭望台，俗称"燕子窝"，或圆形、方形，或实体墙，或亭式，丰富多样。屋顶部分再进行雕镂，这是最显著的部位，因而也是最多变化的。在田野中，耸立着一座座碉楼，远望它们，首先映入眼帘的是外墙和屋顶。为此，不少侨胞常将其在侨居国家所见的一些建筑形式照搬到碉楼的设计上来，于是形成了各式各样的屋顶面貌。

　　侨乡碉楼的屋顶形式有下列几种：

　　（1）中国传统屋顶式，其类型有悬山顶、硬山顶、攒山顶，这些大都为早期碉楼所采用。

　　（2）仿意大利穹隆顶式，它是仿照意大利文艺复兴时期的大教堂屋顶形式加以简单化设计而成的。

　　（3）仿欧洲中世纪教堂式，这种建筑体型较大，远看不太像碉楼，而当看到四角的小塔尖及其尖顶上的十字架装饰时，又好像一座教堂。再认真细看，拱廊和四角圆柱尖顶的小塔，拱托出中央六角体屋顶。

　　（4）仿中亚伊斯兰寺院穹顶式，主要特征是屋顶采用圆拱形穹隆顶形式。

　　（5）仿英国寨堡式，碉楼外形由明确而单纯的几何体组成。方形的主体、圆柱形和半六角形的瞭望台，就像一座英国中世纪寨堡。

　　（6）仿罗马敞廊式，这种形式较好地反映在挑台的柱廊中，有拱形、椭圆形、尖拱形等，既可作瞭望观察用，又可作平时生活用，同时，也丰富了碉楼的立面造型。

　　（7）折衷式，在这些碉楼建筑中，有西方古典的拱券、尖顶窗洞、卷草托脚、仿石柱式、巴洛克山花装饰等手法的影响。

　　（8）中国近代式，这是逐渐摸索并实践后的产物。这些碉楼既采用了传统形式，同时又吸收了外来文化，其特点是既有稳健挺拔的实体，又有传统的柱廊挑台。在屋顶方面，则采用坡顶与平顶相结合的方式。当采用平顶时，顶层周围女儿墙常采用传统的装饰处理。至于柱廊、窗楣等部位则多运

用具有地方特色的细部纹样或装饰。

碉楼无论是在总体造型上，还是在建筑构件和变现手法上，都是中国传统的建筑艺术与西方建筑风格的融合。而西方建筑风格的多种类型，包括古希腊的柱廊、古罗马的券拱和柱式、伊斯兰的叶形券拱和铁雕、哥特时期的券拱、巴洛克建筑的山花、文艺复兴时期的装饰手法以及工业派的建筑艺术表现形式等，都引进为碉楼建筑造型艺术的组成部分。碉楼应该是中外多种建筑风格"碎片"的组合，多种建筑类型相互交融的产物。①

---

① 书海遨游《中国的世界遗产：开平碉楼与村落》，http：//www.360doc.com/content/14/0202/14/2478227_349346517.shtml。

第四节 "银信"与碉楼建筑

"爸爸去金山,快快要寄银。全家靠住你,有银就好寄回。"这是一首流传在五邑民间的歌谣。

一封书信的作用不仅仅是联系分隔两地的游子和家的情感纽带。"银信"更是五邑地区华侨与家乡的一种很特别的寄送汇款、书信的方式,为华侨与其国内亲属的联系架起了重要的桥梁,是促进五邑侨乡形成的重要动力,也造就了五邑侨乡独特的经济与文化,这种钱与信合二为一的结合体称为"五邑银信"。

"银信"是海外华侨寄给国内亲友的汇票(银)和书信(信)的结合体的简称。在近现代,华侨通过传统的金融机构汇款回国,有银必有信,钱和信两位一体,密不可分。

五邑地区银信历史悠久,从1864年开始已有华侨汇款回国的统计了。鸦片战争后,在南方沿海的五邑和广东其他地区的大批百姓出洋谋生,五邑华侨主要集中在美洲,他们虽移民海外,却情牵祖国、心系家乡,他们把在海外奋斗挣来的血汗钱源源不断地寄往家乡,赡养家庭。五邑华侨每年数千万美元的汇款就是靠银信来完成的。早期到海外谋生的华侨经常委托熟悉的亲友或"水客"(往返于海外与内地,专为人传递信件、侨汇的信使)递送银信回家。但是这种小规模的递送方式满足不了大量华侨赡家养亲的急切需要,因此经营银信业务便成为一件有利可图的事情,于是逐渐出现了一些承揽银信业务的专门机构。民国时期,五邑华侨寄送银信,主要依靠三种机构:一是传统民间金融组织——银号;二是商号;三是现代金融组织,包括私营银行、信托公司和官办银行。当时的汇款票据既有兑换单据,更有大量炅纸、赤纸、赤银等。在民国时期,五邑地区经营银信业务的机构星罗棋布,达数百家之多。如台山先后存在的银号至少有数十家,主要分布在华侨集中的中心城镇,如台城、冲蒌、大江、都斛、白沙等。催生了一批著名的银号,如慎信银号、天华银号、义丰银号、华丰银号等。同时也促使了江门早期金融业的萌芽,当时民间商号已经开始了现代意义的股份制经营模式。1927年开平当时的"两就号""利源隆"就在澳大利亚、加拿大、美国设立

了办事机构。

最为独特的是五邑地区银信中数字的书写方式。早期的五邑银信大多数汇款和书信中的数字，都是用五邑人惯用的书写数字方式书写的。如1946年光孟先生写给妻子的信中的落款年月日就是 ；还有民国二十七年（1938）伍天宝先生收到的货单上写的钱数是用"五邑数字"写的，其中一项是叁拾伍元，它的书写是 。合计是叁佰肆拾壹元壹角，五邑数字是 。

银信的汇款金额及年月日的数字书写方式与阿拉伯数字的对比										
阿拉伯数字	1	2	3	4	5	6	7	8	9	10
"五邑数字"	丨	丨丨	丨丨丨	×	8	一	二	三	夂	十

当亲属拿到银信的时候，是凭信兑取的。按照规定，汇款前在外的华侨需要写封家信，汇款数额写在信封的右上方，即将信、款一并交与银号、商号。方法有三种：一是华侨直接寄给国内的家属，家属凭信在本地兑换现金；二是寄给香港的亲友，取款转汇或者带回；三是汇款人寄往广州或其家乡的商号转交其家属。

此外还不得不提银信的另外一个至关重要的作用。银信不仅仅是家乡碉楼建设资金的寄送方式，同时，华侨通过寄回国外的明信片、照片或者设计图纸，让乡村工匠根据这些建筑资料和楼主的具体要求进行设计施工。在开平市塘口镇原旅美华侨谢维立先生的庄园——立园内，就陈列着当年华侨寄回国内的许多以欧美建筑为主题的照片、明信片。同时，华侨和亲属之间，也是通过银信商讨家乡建筑碉楼的事宜。20世纪20年代开平社会治安极其动荡，除了一些回国的华侨直接组织实施建筑碉楼外，不少华侨关心家人和家乡的治安，通过书信讨论如何建筑碉楼、保障家人安全。

第六章
广州骑楼与西关大屋

第一节　广州骑楼

一、骑楼的起源

近代骑楼是岭南传统民居与西方建筑艺术相结合演变而成的一种商住结合建筑形式。骑楼是城市生态的一部分，记录着城市成长的过程，生动地折射出一个时代的人文风貌。广东骑楼之美，早已跳出建筑学的范畴，成为东西方文化交流史上的一个经典符号。

骑楼在20世纪二三十年代以后，成为岭南地区最常见的城市民居形式之一。就单体而言，骑楼的底层有面向街道的架空支柱层，其后为店铺，上层则全部为住房；就整体而言，连排的骑楼底层形成前为长柱廊式人行道，后为商业街，上层则为功能上互为独立的住宅群的格局。因此，就形态而言，骑楼为"前店后居"或"下店上居"式建筑。其开间以单开间居多，层数一般为2～4层，个别达到5、6层；底层层高一般为4～5米，开间为3～5米，进深一般较大，常为10～20米，有的甚至可达30～50米。

（一）源于印度"外廊式"殖民建筑

当初英国殖民者来到热带潮湿的殖民地区后，为通风纳凉、减少湿热困扰，向当地土人学习，建造了一种外廊通透式建筑，形成半敞半封闭、半室内半室外的生活空间。由此英国殖民者在印度地区逐渐适应了当地的气候环境，势力范围也不断扩大，这种建筑形式也得以传播开来。

（二）源于地中海"柱廊式"宗教建筑

柱廊式最早源于古希腊神庙的列柱空间，由于早期建筑是采用木构架和土坯等材料而建成的，为了保护墙面，常沿着建筑边缘搭一圈棚子遮雨，逐渐演变成了柱廊。后来虽然建筑材料和结构有了发展，但是由于建筑空间的需要，这种柱廊式被普遍采用并且流行起来。随着古希腊罗马在地中海地区的扩张，柱廊式建筑在环地中海地区包括亚洲、非洲几乎所有国家得到广泛传播，逐渐形成了地中海"柱廊式"建筑地域圈。柱廊式不仅存于宗教和普通建筑中，甚至古埃及和底比斯古城王室的陵墓也被加上了一圈柱廊。

18世纪，欧洲兴起了新古典主义，建筑外观上又一次出现大量的柱廊空间样式。从文化传播的时序来看，这个时期正是东西方文化得到广泛交流的时期，许多受西方文化影响的东方城市，也大量出现了列柱空间建筑，骑楼就是其中的典型。直至20世纪末，这种柱廊式再次复苏，席卷中国大地，不少城市的广场、重要建筑的入口等都出现了新一轮的古罗马柱廊，在广东地区的一些城市，也兴建了不少带有骑楼的新商业建筑，可见，古典柱廊建筑建筑源远流长。

（三）源于欧洲"敞廊式"市场建筑

随着城市的发展，商业活动成为市民生活的重要内容，市场代替庙宇成为城市的中心。柱廊这种流行样式的建筑也就很自然地建在了市场边沿，俗称敞廊。敞廊建于市场的一面或几面，开间一致，便于商业活动。商业兴旺的地方，敞廊进深加大，并隔为两进，后进设单间小铺；还有一些敞廊是两层的，采用叠柱式。下层用粗壮质朴的陶立克柱式。在一些经过规划的方格形城市里，市场在干道的一侧，地段方正，周围柱廊连续，既对外开放又有内向空间，形成原始的、独立地段的商业贸易中心区雏形。

古希腊、古罗马出现的市场建筑或商业街既与其当时的社会经济水平有关，又与地中海地区的气候、资源等自然条件有关。随着人类社会的发展和文明的进步，特别是西方的势力扩张和文化传播，这种建筑形式在世界其他地区得到广泛运用，逐渐成为"骑楼式"建筑的模板。

（四）源于中国"檐廊式"建筑

宋代由于商业贸易的空前繁荣，城市街道迅速发展，规模不断扩大，出现了《清明上河图》般的美丽画面和繁荣景象。坊里制也发生了根本的变化，不再像唐长安的坊里严格封闭，而是像孟元老《东京梦华录》中的描述，城中虽有坊里，但已废弃了坊墙、坊门，各户均直接向街巷开门，有利于沿街店铺的经营。这反映了城市经济的发展和市民阶层地位的提高，商业也由封闭的市发展成为开放的商业街市。檐廊式街道便应运而生，北宋汴河堤岸的房廊便是"檐廊式"建筑。在浙江、江苏、河南、山西、安徽、四川、广西、广东、福建等地区的城镇，这种沿街、沿河的檐廊式店铺大量涌现。例如安徽歙县唐模村的沿河街道，为了增强水上景观的视觉效果，人们

将檐廊处理成腰檐的形式,使楼上的窗户可以直接面向河道开启,既增大了观景范围,又获得了良好的采光通风条件,加上临河廊道的"美人靠"的设置,将江南园林与街道空间结合起来,将步行、购物、休憩、观景等活动有机结合,形成了具有江南地域风格的建筑形式。又例如在四川肖溪古镇的一条清末老街,两边为宽敞的檐廊式建筑,与江南水街不同的是该古镇街道两侧店铺檐廊相向出檐,形成内向的街市空间,比例尺度亲切宜人,街道宽度不到廊部进深的两倍,空间常可互换,使"赶场"的人雨不湿衣,晴不挡日,这与广东的骑楼作用异曲同工。由于南北自然气候条件、社会经济文化差异,檐廊式建筑形式在各地多有发展和变化,形成了"北弱南强、北少南多、北抑南拓"的格局。北方城市檐廊式商业街,基本没再发展;四川盆地、江南水乡一带则有所发展,但仅是规模数量上和在新商业街区的增长;东南沿海地区的檐廊式建筑则发生了质的变化,演变成典型的"骑楼"形态。

(五)源于中国"干栏式"建筑

架空离地的"干栏式"建筑历史悠久,大抵在原始社会末期已经出现,源于我国南方和东南亚地区原始初民的巢居,是最早的住宅形式之一。人们从鸟类在树杈上筑巢栖息的现象中得到启示,在大树上架巢穴,取用粗大的树枝干相交构,固定插入土中,搭成遮雨的棚架。可见原始巢居的营构是从建造"屋顶"开始的,说明遮阳、避雨、挡风和防御猛兽是影响南方先民生活的主要因素。随着空间需求的扩大,智慧的先民们利用相邻的几株大树的树干和树枝的交叉、组合、填充来构筑居住面和棚架,逐渐地为了方便建造和"天圆地方"的原始崇拜,以四株大树的树干为支撑"立柱"的原始"干栏"逐渐形成。在浙江余姚的河姆渡文化中,栽桩架板的干栏式建筑,揭示了南方多雨多水的条件下房屋建筑的自然选择。对照广东高要茅岗遗址发现的成片的干栏木构建筑、广州近郊出土的汉墓明器中的干栏式建筑、湖北蕲春西周遗址的干栏木构建筑与浙江河姆渡原始社会的干栏式建筑,即可见岭南文化与吴越文化、楚文化的渊源关系。

二、广州骑楼及骑楼街的建设发展进程

广州是中国近代骑楼街的发祥地,这是一种在19世纪末20世纪初发展起来的临街商业建筑形式,是老广州以东方传统审美观念和民族心理对西方

建筑文化的重新审视和创造性吸收的成果，是在商业和当时政府的双重推动下发展起来的。它的发展进程按时间顺序大致可分为4个阶段：

第一阶段：19世纪末20世纪初。

19世纪末20世纪初，许多广东人从南洋淘金归来后建商铺经商，他们在外接受了西方文化的熏陶，因此将西方的建筑文化带入广州。这些人群以平民和商人为主体、以小商品经济为依托，通过个体的商业行为推动城市整体的经济发展和建设，形成了由个体商业驱动的城市商业街道格局，为骑楼建筑的发展创造了条件。

最初商人们通过海上贸易，将"洋货"带回家乡，为了和"洋货"相匹配，招揽生意吸引顾客，就将异国他乡的建筑形式用于本地的建筑之上。于是在西方建筑风格与中国岭南传统文化的碰撞中融合，逐渐产生了骑楼这一种新型的南方商铺型建筑。它既可以遮风挡雨，又拥有装饰考究的店面；既可以显示店主的品位，又可以显示商店的商品非同传统。此外，骑楼可以带给商人经济利益，又有实用的意义，逐渐地，这种建筑形式自然而然成为时尚而得以传播开来。

第二阶段：民国时期。

辛亥革命以后，广东都督胡汉民采纳程天斗拆卸城垣，改筑新式街道之议，作为都市改造的开端，因此设工务司，负责此事，辟宽街道。民国二年（1913）制定《广东省警察厅现行取缔建筑章程及实施细则》。民国七年（1918）五月，政府开始推进"都市改造运动"，这是广州市自开埠以来第一次有计划、大规模的市政建设工程。同时，广州成为我国东南沿海第一个实施大规模都市计划改造的城市。广州市工务局首次制定道路建设规划，编制了《工务实施计划》，确定全市61条市区道路和35条郊区道路，并组织实施建设。由于旧广州城内街巷弯曲迂回，破旧狭窄，道路拓宽势必要拆除沿街大量官邸衙署及商铺民宅，也涉及一些洋人或教会的房产，又由于政府财力无法支付庞大的扩路筑路费用，因此拆迁工作遇到很大阻力。为了避免矛盾激化、增加拆迁补偿费用，当时只能采取"影响最小，破坏最小"的办法，制定出广州特有的沿路建设骑楼的计划和有关实施细则，全力推进城市道路拓宽和骑楼建设。

道路建设固然需要考虑市区商业发展的需要，同时也得兼顾市郊和工业区交通和出入本市通道布局。在建设马路的同时，将西方古典建筑中的券廊等形式与岭南的传统相结合，使马路两旁的房子演变成"骑楼"建筑，特别适合广州多雨、炎热的气候特点，一时间风靡全城，形成广州街景的主流格局。

这次历时3年的市政建设，完成了大规模的拆城筑路工程，开辟了城区内的主要城市干道。伴随着都市商业街改造，形成具有岭南特色的广州商业街街屋所特有的"有脚骑楼"建筑模式。从此，广州骑楼建筑进入持续发展期。

1920年，陈炯明任省长，首倡地方自治，以广州为全省的行政枢纽。他任命孙中山之子孙科为广州市市长。孙科参考国外市政制度，并且依据地方实际情况，加以修改利用，制定广州市市政组织条例，推动骑楼建筑的建设。

1930年，陈济棠主导广东省市政建设，广州城市开始进入一个新的市政发展建设阶段，达到一个高峰。

1933年以后，骑楼建筑的发展就开始慢慢走下坡路。广州初期的建设大部分集中在城区。市区商业发达，故有发展骑楼建筑的迫切需要，而到了后期的市政计划，市内主要商业干道大多已经完成，内街拓辟及市郊建设因为巷道狭窄和郊区人口稀少，以致失去了兴建骑楼的必要。

1937年日军全面侵华。1938年10月，日军占据广州。日军入侵，战火蔓延，百业凋零，骑楼建筑的发展因此而陷入了停滞阶段，骑楼大兴建筑的年代到此结束。

总的来说，广州骑楼建筑兴盛于20世纪20年代末30年代初广州拆城筑路时期，由传统民居"竹筒屋"改建而来，因此面宽比较小、进深大是骑楼建筑的基本特点。外墙装饰材料丰富多彩，如当时的商业黄金地段人民南路，采用了石材贴面，气派豪华。大多数路段骑楼外墙为原色水刷石，少数为红砖墙，总体感觉凝重、大方，整体感强。此时，广州的商业骑楼街已具有相当的规模，商业繁华地段逐步形成骑楼街风貌，如永汉路（今北京路）、太平南路（今人民南路）、惠爱路（今中山四路）以及长堤等。

由于民国政府对城市建设的重视，骑楼在广东省范围内得到广泛的传播。到了抗战前，广州骑楼建筑就已成为全国甚至其他国家许多城市模仿的对象。

民国时期广州骑楼发展与相关建筑规章年表

年代	法规名称	相关措施的主要内容
1912	《广东省警察厅现行取缔建筑章程及实施细则》	我国最早制定的"骑楼"法规，规定兴建8尺宽、10尺高的有脚骑楼，以利交通之用

续表

年代	法规名称	相关措施的主要内容
1918至1920市政公所时期	《临时取缔建筑章程》	将现行《取缔建筑章程及实施细则》修正为54条，100尺马路准建20尺宽、18尺高以上的骑楼。80尺马路准建15尺宽、15尺高以上的骑楼
	《建筑骑楼简章》	制定骑楼兴建的顺位，采用骑楼地产权独立分开的观念，并且以奖励等措施促进骑楼快速发展
	《取拘建筑15尺宽度骑楼章程》	规定"15尺宽度骑楼"建筑的做法，包括柱的结构材料、断面，梁阵的木桁梁之数目、断面，形式做法及楼高的限制
	《取缔人行道规则》	规范骑楼下人行道之使用管理，管理维护，排水设施，罚则及罚金的用途
	《建筑三合土人行路路面章程》	限定骑楼下之人行路兴建的时间及路面留设的宽度，施工方式，施工材料，维修责任及查验办法
	《马路两旁铺屋请领骑楼地缴价暂行简章》	80英尺至100英尺以上路，两旁准建骑楼，同时亦制定各路骑楼的分类及缴价办法
1922市政厅时期	修订《临时取缔建筑章程》	计九章123条
	《新订取缔建筑章程》	计十一章125条，规定骑楼的高度至少在15尺以上
1923	公布承领骑楼地减价办法	承领骑楼地减五折征收
	《催迫业户建筑骑楼办法》	除延续市政公所时期的《建筑骑楼简章》办法外，限定骑楼兴建时间，建照审查及加租办法，骑楼免设及可展延建筑之规定
	《拆通长堤人行路办法》	拆除骑楼下方违规占据人行路之建筑
	《规定修理人行路办法》	人行路修理之材料及施工方式，修理责任之承担与分担比例

续表

年代	法规名称	相关措施的主要内容
1925	《催领骑楼地办法》	承袭《催迫业户建筑骑楼办法》，增列骑楼上方建筑通路的问题
1926	公布骑楼地加价法	不论领回自有被割骑楼地及承领骑楼地，两者十足征收地价
1926	《骑楼地领回被割地减价办法》	领回被割骑楼地建筑骑楼减为五折征收，承领骑楼地仍维持十足征收地价
1927	小北路等相关辟路办法	各路辟路办法皆制定路线，马路与骑楼的宽度，人行路铺面的形式，骑楼地及骑楼利益的征收费用，筑路费分担之比例，以及畸零地申请保留，展缓建筑骑楼之规定
1927	《修正催领骑楼地章程》	申请骑楼的办法，缴价的方式，畸零地处理及人行路征收费用
1930	《取缔建筑章程》	修订《新订取缔建筑章程》，共计十六章118条
1932	修正《取缔建筑章程》	改英尺为公尺
1933	《工务局报告书》	公布不准建骑楼马路表（1932年以前）
1936	《广州市建筑规则》	重新修订《修正〈取缔建筑章程〉》，更名为《广州市建筑规则》，共计十七章149条

第三阶段：中华人民共和国成立后至20世纪70年代。

由于种种历史原因，广州城市建设发展速度较慢，城市基本维持旧有格局，商业发展受到严重制约，骑楼建设大大减少。这一时期建设的骑楼街主要有越华路和豪贤路。这个时期的骑楼街建筑在体量、风格和街道功能方面都不能与19世纪20至40年代的骑楼街相提并论。沿街建筑多为住宅，首层为商店，商业功能较弱，服务范围仅限于街坊。建筑多为7～9层（22～30米），街道空间更为狭窄压抑。建筑保留了骑楼形式，但是以现代主义建筑风格取代了传统骑楼的"洋式店面"，立面基本无装饰，沿街建筑整齐划一，景观比较单一。

20世纪70年代末以来,大量的现代主义、后现代主义的建筑思潮涌入国门,造成了人们对地方建筑的冷落,这时由于旧有的骑楼街多位于亟待改造的旧城区,因此一度被视为城市现代化的绊脚石。

广州市经济迅猛发展,城市不断扩张,交通流量大大增加,老城区面临着大规模的旧城改造和基础设施改造等问题。这一时期广州基本没有兴建新的完整的骑楼街,而是在一些原有骑楼街的基础上更新,同时拆除了一些旧骑楼,建设了一些新骑楼。但由于不是整条街道实施整体改造,在一些路段形成了新老骑楼交错并列的景象,如万福路、大南路、龙津路、长堤大马路等。此外,老城区道路的拓宽改造也对一些骑楼街造成了破坏,如人民路高架桥的建设对人民中路、人民南路骑楼街风貌的影响;解放路、中山路拓宽和人民桥、内环路的建设拆除了解放路、中山五路、中山六路、六二三路和洪福路的传统骑楼街。

进入20世纪90年代,城市建筑的古典主义之风盛行,带来了一股古希腊、古罗马柱廊式建筑的建设高潮,这样原本就以柱廊为主要部分的骑楼开始备受关注,人们有意识地用骑楼的建筑形式来承载有特色的商业活动。同时,城市历史地段的价值逐渐被认识,传统骑楼街的保护和开发也取得了一定的进展,对一些骑楼质量较好、商业区位较好的骑楼商业街实施了立面整饬规划,如下九路、第十甫路,北京路(中山路至大南路段)等。

三、骑楼与"十三夷馆"

广州作为一座较早接受外来文化、跨入近代化进程的城市,早在明清时期,就是全国唯一的通商口岸,是我国近代骑楼的发祥地,也是我国近代骑楼建筑最发达的城市之一。"十三夷馆"是骑楼发展的雏形。因此,谈论广州骑楼就不能不先谈"十三夷馆"。

清朝以来,行之已久的市舶司制度被废除。初期在海禁期间的贸易制度,由地方官吏来主持,近海州县司职稽查,课税事务由镇闽将军负责。康熙二十三年(1684)海禁又开,贸易主要集中在广州的粤海关。到了乾隆二十九年(1759),粤海关成为清朝的唯一海关,广州是当时世界上少有的国际口岸。康熙在位时,允许外船进入珠江互市通商,并重新修建怀远驿,以供番人居住和存货之用。慢慢地,从欧洲来的货船多起来,但是由于他们不是来中国朝贡,所以不会受到怀远驿的接待,也就不能使用那里的房屋,只能寄居在民营的靠近市舶的"行栈"。于是,在怀远驿附近,中国人兴建了

一些专供外国人居住和通商用的建筑物,即"番馆"。各个国家陆续设立商馆,也就是外国在中国的贸易代表处。这些商馆与中国的商行打交道,商馆的房屋名义上是由十三行行商所提供,实际上是由外商出资兴建,还雇用中国人作为总管,这比先前包办外商食宿的"行栈"已大为进步。

对于十三行,清人梁廷枏《粤海关志》写道:"国朝设关之初,番舶入市者仅二十余柁。至则劳以牛酒,令牙行主之,沿明之习,命曰十三行。舶长曰大班,次曰二班,得停居十三行,余悉守舶。沿明代怀远驿旁建屋居番人制也。"与"十三行"对应的"十三夷馆",是外国商人营业与居住的场所。

洋商来华除了限令居住在特定的"夷馆",不准过冬外,需要由十三行代雇通事,为之办理验货、报税、请照、采购日常必需品、雇用仆役等。外商在特许日出游时,被监视行动,同时限定不准携带家眷,不得随意游历,不得进城,不得学习中文,不可以直接会见官府人员等。可见,当时他们的自由活动范围极其有限,被限制在划定的区域内。

十三行及其附属的供外国人居住的夷馆位于广州城外西南方向珠江北岸,东西约300米,南北约155米,北面以十三街为界。外国人来到广州不可以逾越十三街的范围。十三街是一条东西街,两头均有关卡,内中除了夷馆洋行外,还有许多小的杂货店等,用来专门为外国人兑换银钱并购买日常用品,又有许多的小街将各个夷馆隔开。那些做生意的外国人,常年租用行商名下的商馆,在屋顶或者门前插着各自国家的国旗,进行贸易活动。

19世纪初的夷馆大多数为两层建筑,其中英国馆及它的东边的荷兰馆有着向河边凸出的柱廊及阳台,除了展现出帕拉迪奥的建筑风格外,均呈现一般的西方建筑形态。后来由于1822年的大火以及1843年的鸦片战争后的重建和整建,其建筑形态大多数为3层建筑,展现出乔治王朝的建筑形式,如新古典主义,承袭以往的帕拉第奥的建筑风格和19世纪初期英国流行的单调,有列柱的盒式立面设计的摄政时期样式。总的来说,这一时期的外国人商馆,建筑的性质只是作为临时的居住和存货之所,通常一楼是办公楼、仓库、售货处、买办室、佣人的休息室,而楼上大部分是住房。在建筑形式上开始引入殖民地时期的外廊式建筑样式。①

1842年中英《南京条约》签订,广州、厦门、福州、宁波、上海5个

---

① 《中西方建筑文化在机器时代中的交融与发展——广州骑楼》,见豆丁网,http://www.docin.com/p-719200301.html。

通商口岸开放，并且割让香港岛给英国。《虎门条约》又规定，外国人可以携带家眷自由居住，可以租地建屋，永久居住，还同意划定居住与贸易的区域。这样，英国取得了在广州十三行的第一个租地和约，开始大肆建洋行和夷馆，并且在沿江兴建新的码头。各国商人先后租用十三行的其他建筑，并且修缮扩大租赁的商行。同时，英国领事代表各国商人与广东当局达成协议，规定中国人进出十三行地区的限定范围，并且修筑围墙和关卡，使得此区域成为相对独立的小世界。1856年第二次鸦片战争时，十三行尽毁于大火。

十三行所在区域在19世纪50年代后期发展为广州沙面租界。1859年选择"沙面"为新租界，把土地分段拍卖，公开出售。各国重新陆续在此成立领事馆、洋行、银行、住宅、教堂，开办医院、学校、邮电局、电报局等，大肆兴建洋楼建筑及公共设施。大量的西方建筑思潮源源不断地进入。由于十三行和沙面租界都紧邻中国富贾集中居住的西关，从而使西关区域的西化时间更早，程度也更高，这在建筑形态方面也有所反映。

四、骑楼的构造

骑楼是广州人生活起居的一部分，是他们居住、经商甚至是活动的场所。被称为"风雨走廊"的骑楼能为行人商户遮风挡雨，实用性不可小觑。骑楼有单开间、双开间和多开间三种形态。

单开间。骑楼的开间以单开间居多。此种开间形式源于广东地区的"竹筒屋"。竹筒屋是广州富有岭南特色的民居，其门面开间小，腹内进深大，由前廊、门厅、正厅、饭厅、头房和附属房及天井等组成，形如竹筒，因此得名。竹筒屋又称"直头屋""竹竿厝"。其正立面为单开间，面宽比较窄，进深根据地形长短而定。这类房屋的厨房、天井、厅堂、卧房等都是按照一定的顺序排列的。

双开间。双开间的组成一般有两种方式，一种称为并联式，另一种称为主次式。并联式的空间组合是将单开间的并列连接，可以较好地解决采光通风的问题，两个开间共同使用天井，布置灵活，形成可分可合的平面组合，赢得较大面积的店铺空间。主次式的空间组合也被称为"明字屋"，是一边为厅房，一边为厨房及天井所组合成的主次空间形式。这种平面布置形式也具有灵活自由的特点。两个开间可有不同大小，进深的长短也可以有变化，在用地的选择上适应性较强，但是由于外立面不对称，所以在骑楼中使用得

相对比较少。总而言之，双开间的平面功能较为明确，比较紧凑，使用方便，但由于造价高，通常是大户人家选择这种样式。城市商业街道边的骑楼建筑采用这种形式，可以使得商业的经营空间变得更大，立面造型的处理也较为自如，在整条街道中显得醒目，以彰显商户的财富和地位。

多开间。一些商业大户或者大型的百货公司、银行、旅馆等多采用三开间以及更多的开间甚至连排的形式，形成较大规模的商贸空间。可以说，多开间是商户和团体财力雄厚和商业形象的反映。这一类多开间骑楼建筑往往成为地段的建筑标志，具有很强的可识别性，如广州沿江西路的连排式骑楼多达16间，而位于广州长堤大马路建于1914年的东亚大酒店，是广州第一家高档旅馆，时称"南粤之冠"，是骑楼建筑中的重要代表。由于当时的广州在资本、技术、信息、文化方面有十分显赫的地位，所以骑楼中多开间建筑在这一带集中，真实反映了骑楼建筑的兴盛和广州经济文化比较高的集聚程度。

五、骑楼建筑风格的主要形式

骑楼虽然有着"中西合璧"的建筑风格，但由于骑楼集民间商住功能于一体的建筑形式迎合了顾客的崇洋心理，故常常采用"洋式店面"。其设计建造者大都不是职业建筑师，而是普普通通的工匠，他们面对西方建筑，除了吸收一些结构方式和布局方式外，看到的更多是各种装饰。工匠们凭借丰富的实践经验，按照自己的理解加以"模仿"，采取自由放任的"拿来主义"态度。这种对西方建筑造型的模仿和持续的改良就逐渐形成了骑楼活泼而有特色的建筑风格。骑楼的沿街立面处理基本分为三段式：下段为骑楼列柱，中段为楼层，上段为檐口或山花。沿街各个单元在服从骑楼总体构成的前提下，各个开间的立面较少雷同，均富有个性。受到西方古典建筑的影响，用柱式来控制构图。薄壁柱突出垂直划分，栏杆及线脚则强调水平感，两者一起构成立面构图的基本原则。沿街立面经常在各层窗台以下的墙面或檐口窗楣等处加以丰富的装饰纹样或者浅浮雕，所有的装饰与纹样自下而上逐渐丰富，与周边建筑融为一体。骑楼建筑强调连续性，形成连续的骑楼柱廊和沿街建筑立面。骑楼街以及它们组合形成的独特建筑造型，具有很高的艺术价值和审美价值。骑楼建筑风格主要可以分为以下几种形式：

（一）西方式

（1）罗马券廊式。实例：长堤新华大酒店和万福路口骑楼。

其特征是连续的拱廊丰富了街道与骑楼下的中间空间,同时赋予建筑以明快的韵律和节奏感。这种形式的骑楼在广州能找到不少实例。位于长堤的新华大酒店就是其中的代表作。其底层骑楼为券柱式,以旋涡装饰,风格大方雄伟,线脚明确俊朗。同时,细部细腻丰富。其他的一些部分还运用简化了的罗马柱式,使其罗马风格更为浓郁凝重。新华大酒店紧邻的是新亚大酒店,采用了相似的立面形式,在一定程度上保持了街道文脉的连续性。另外,万福路口转角处连续的骑楼也比较典型。

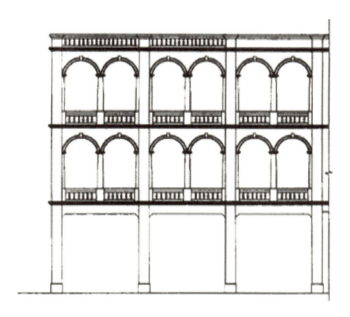

罗马券廊式骑楼正立面图

(2) 仿哥特式。实例:长堤爱群大厦、北京路科技书店。

仿哥特式骑楼就是模仿法国哥特式教堂的垂直线条和尖券等的细部装饰手法的建筑形式。第二次鸦片战争时期,法国建造了当时中国最大的哥特式教堂——天主教石室圣心堂。圣心堂的建设带来了天主教的建筑文化,也影响到了广州的普通建筑。

爱群大厦位于沿江西路和长堤大马路的交会处,是广州第一座钢框架结构的高层建筑,由建筑师李炳垣、陈荣枝设计,美国华侨陈卓平投资兴建,于1934年动工,1937年最终建成。楼高64米,为当时南中国的建筑高度之冠,被当时新闻界誉为"开广州高层建筑之新纪元",并以设备最新式、完善、豪华而著称。该建筑采用美国摩天楼的设计形式，气势雄伟，将哥特式加以灵活地运用和改良，立面以垂直构图为主，充满强烈的垂直线条，设有仿哥特式拉长的窗，10层以下的平面呈三角形，中间留通天采光，上面收束成五边形，顶层则以宝冠状的形式为顶。底层骑楼柱廊处理为仿哥特式形式，有着浓厚的哥特式特点。

北京路科技书店的立面有强烈的垂直线条和拉长的拱形窗，使得其融入了浓厚的哥特风格的神秘色彩。

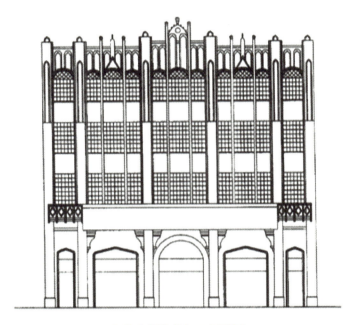

北京路科技书店正立面图

（3）仿巴洛克式。实例：万福路仿巴洛克式骑楼，上下九路仿巴洛克式骑楼。

"巴洛克"（baloque）式建筑兴起于17世纪的意大利罗马。欧洲人最初用这个词指"缺乏古典主义均衡性的作品"，其原本是18世纪崇尚古典艺术的人们对17世纪不同于文艺复兴风格的一个带贬义的称呼。而现在，这个词已失去了原有的贬义，仅指17世纪风行于欧洲的一种艺术风格。作为一种艺术形式的称谓，巴洛克在16世纪下半叶在意大利兴起，在17世纪的欧洲普遍盛行，是指背离了文艺复兴艺术精神的一种艺术形式。古典主义者认为巴洛克是一种堕落瓦解的艺术，只是到了后来，才对巴洛克艺术有了一个较为公正的评价。

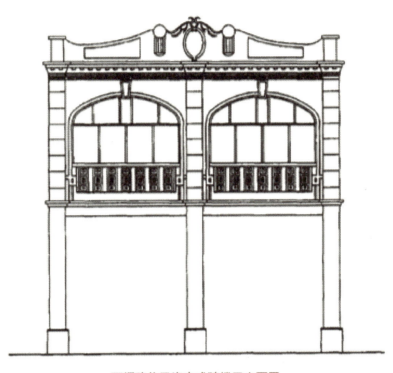

万福路仿巴洛克式骑楼正立面图

一些建筑师敢于独辟蹊径，勇于探索，以富有生命力的新手法、新样式，使得巴洛克比其他形式更为广泛地运用于世俗建筑中。许多归国的华侨自觉或不自觉地将巴洛克这种建筑风格带回家乡，引发了仿巴洛克式的骑楼建筑的热潮。这类建筑以华丽的装饰著称，特别可以代表华侨期望生活丰富多彩和富足的美好愿望。

这些巴洛克装饰既不同于古典式的严谨，也有别于17世纪巴洛克的烦琐与追求曲线、动感，而是在构图稳定的基础上加上巴洛克装饰。在广州的骑楼中，巴洛克装饰多运用于山花装饰及女儿墙的曲线中，在上下九路、龙津西路、万福路等都可以找到类似的例子。

（4）仿文艺复兴式。实例：同福西路仿文艺复兴式骑楼。

这种样式主要是模仿文艺复兴时期建筑立面中的连续拱形窗和穹隆顶。

文艺复兴是以 14 世纪的意大利为中心的思想文化领域的反封建、反宗教的新文化运动，重新认识古希腊、古罗马的人文价值，赋予新兴资产阶级以生命力。这个时期的建筑形式以佛罗伦萨主教堂的穹顶为标志，主张学习古典柱式，在风格上更加人性化，将传统柱式与愉快的风格、自由活泼的构图结合起来，甚至加上一点哥特式的细部装饰，追求新颖，较多地采用壁画、雕塑、涡卷，将壁柱，盲窗及线脚等在立面上作拼合图案，弧形和三角形的山墙套叠在一起。

这种形式从建筑自身来看，窗的组合形式、壁柱形式等均反映了骑楼建筑在模仿西方手法时的独特创造和灵活发挥。

同福西路仿文艺复兴式骑楼正立面图

（5）仿法国古典主义式。实例：北京路仿法国古典主义式骑楼。

这种形式是模仿法国绝对君权时期的宫廷建筑的骑楼样式。

古典主义的规则是纯粹的几何结构和数学关系，将比例关系看作建筑造型中的决定性因素，认为建筑的美在于局部和整体间以及局部相互间正确的比例关系，将古罗马柱式尊奉为高贵，而将一切非柱式视作卑俗，以此来区分贵贱，这是当时宫廷文化的典型特点。建筑从下至上分为三段：底层是基座，中间是两层高的巨柱式柱子，上部是檐口和女儿墙。整体简洁精练、层次分明。不过，这类建筑形式过于刻板、教条和宫廷化，不适合在民间发展，因此仿法国古典主义样式的骑楼并不是很多。但在广州这个岭南大都会里，体现统治者权力和统治城市地位的法国古典主义建筑形式仍然可以找到它表演的舞台。

北京路仿法国古典主义式骑楼正立面图

（二）南洋式

实例：文明路南洋式骑楼。

这是一种在南洋地区非常独特且富有创造性的建筑样式，即在女儿墙上开有一个或多个圆形或其他形状的洞口，其原本是为了预防南洋一带强烈的台风袭击，减少对建筑物的风负荷的技术处理，增强建筑的抗风能力，同时可辟邪并保佑亲人平安出海，从而形成了南洋式骑楼的建筑艺术形态。这种建筑样式丰富了山墙立面的装饰，是滨海地区具有独特装饰效果的细部手法，体现了岭南建筑通透、轻巧的特点，具有精巧雅致的形态。在文明路、海珠路上都可以找到许多这样的实例。

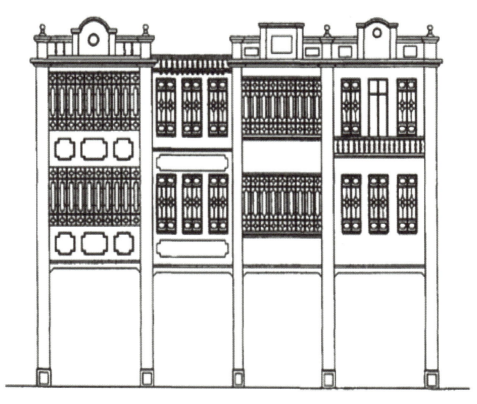

文明路南洋式骑楼正立面图

（三）中国传统式

该形式骑楼采用了中国传统建筑的符号、材料和结构等，具有明显的中国本土建筑的元素和建筑文化的意蕴。它可以分为以下两类：

（1）中国宫殿式。实例：第十甫路"陶陶居"、一德路中国宫殿式骑楼。

这一类骑楼的特征主要体现在屋顶处，即具有典型的宫殿式琉璃瓦屋顶形式。由于广州是一个具有2 000多年历史的文化名城，有着丰富的历史沉淀，"中国固有形式"建筑非常普遍，一些中国本土建筑师针对沿街骑楼的大杂烩现象，提出应该对之加以矫正，从而推动了中国传统宫殿式建筑的发展。另外，这一类的骑楼造价昂贵，因此体现了广州富甲天下的经济实力。

（2）传统民居式。实例：一德路传统民居式骑楼。

这一类骑楼延续了岭南传统民居的特点，底层为柱廊，第2层以上沿街挑出，长廊跨越人行道，沿街布置。立面是朴素简洁的清水红砖墙，2、3层开有两个至三个并列的窗户，基本上无装饰，即使偶尔有些装饰，也就是在檐口或窗裙处配以中国民间传统民居的简洁线脚，双坡屋面的脊线与街道平行。这一类骑楼在南华路、同福路、万福路、德政路、起义路等有保存。

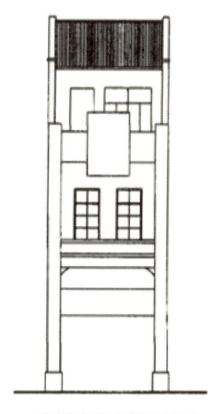

一德路传统民居式骑楼正立面图

（四）现代式

实例：泰康路现代式骑楼。

这种骑楼大多建于20世纪80年代以后，在尺度、结构、材料、造型风格等方面与传统骑楼有明显区别。一般来说，采用梁柱式，在立面处理上舍弃了复杂的装饰，运用了简洁、明快、实用的现代功能主义的处理手法，主要是保留骑楼的功能性质。

泰康路现代式骑楼正立面图

第二节　西关大屋

西关，在历史上原指广州旧城西口外的低洼平原地区，即今广州市荔湾区人民路以西、珠江以北、泮塘以东、西村以南一带，此地至今仍沿用"西关"之名。清末至民国末年，西关地区基本城市化，除了多宝、宝华、逢源等典型西关大屋居住区外，其他街区亦有西关大屋分布，西关大屋即以西关为名。河南，历史上原指河南岛，今为广州市海珠区所在。清末至民国末年，河南地区出现的城市化商业街区及居住街区主要集中在广州旧城珠江南岸沿江一带，即今江南大道北以西的地区。

不同的使用功能对应不同的空间形式，较大的建筑规模与功能空间的专门化使得广州西关大屋相比小型民居拥有形式更为多样的厅堂空间与室外空间。西关大屋的厅堂空间包括口厅、轿厅、正厅、偏厅等，其中正厅是西关大屋的核心，其空间规模最大，陈设最为讲究，后部设有神楼，为供奉祖先、待客议事的重要场所。西关大屋的房间包括头房、二房、倒朝房等，其中头房设于正厅之后，是空间等级最高的房间，多为长辈所居。此外，天井与青云巷是西关大屋重要的室外空间要素。"三边过"，即"三开间"，是广州西关大屋最典型的平面格局，即面阔三间，进深三进，正间的"口厅""轿厅""正厅"是最重要的仪式性堂间序列，左右偏间为偏厅、偏房等附属功能空间。西关大屋在"三边过"的基础上可通过横向并联单开间、双开间的方式扩展建筑规模，亦可与庭园组合，而在用地面阔受限的时候亦多见只设一个侧开间的"双边过"形式。西关大屋的剖面设计较为简单，厅堂一层通高，房间多设阁楼。西关大屋正面临街，正立面延续了广府民居的传统形象，青砖石脚、凹口斗、"三件头"是其最重要的形式特征。"三件头"即脚门、趟栊和大门。装饰的运用相对克制，主要通过建筑与建材的尺度以及精细的工艺做法来区别于一般的中小型民居。西关大屋的侧立面由于并非建筑的主要观赏面，一般为清水砖墙，不做装饰。

为了适应近代城市居住街区的用地尺度，广州西关大屋的营造尺度在广府传统多进天井院落式民居的基础上有所调整，进深略有缩减而面阔则稍微增大，面阔约为13～15米，进深约为21～28米，约等于街区用地进深的

二分之一，符合街区用地结构。西关大屋的立面尺度基本与广府传统民居相同，正间面阔约为4.6～4.9米，瓦坑数为19～21坑，高宽比约为1:1，由于偏厅的存在，偏间面阔相对增大。西关大屋的厅堂空间营造尺度与广府传统多进天井院落式民居基本相同，可见在传统民居的建筑演变过程中，厅堂形象具有较强的象征性，其空间尺度亦相对稳定。

广州西关大屋的结构构造与室内装饰装修基本上延续了广府传统建筑的做法。西关大屋基本为硬山搁檩的砖木结构，砖墙多为青砖砌成的双隅空斗墙，"五顺一丁"的做法最为常见。室内地面铺砌大阶砖，室外地面铺砌麻石。出于防盗需求，屋顶为密檩承重的碌灰筒瓦屋面，并多设天窗与亮瓦改善室内采光通风。西关大屋的室内以木质装修为主，飞罩、屏风等均饰有精美的木雕纹饰，墙身窗洞则多以灰塑浮雕装饰，蚀刻彩色玻璃也是用常用的装修素材。广州西关大屋与其他广府民居一脉相承，在延续地方传统之余，亦在适应近代城市街区的建设中形成了自己新的建筑特征。广府传统多进天井院落式民居在演变成西关大屋的过程中，基本功能布局得到保留，但厅堂的建筑形式被简化，天井空间被压缩，适应规整的近代城市居住街区格局。此外，作为存在于同一城市环境中的传统民居类型，由于空间组织方式的相似性，西关大屋与竹筒屋之间存在通过面阔方向上的加筑与减筑而互相转化的可能。西关大屋与其他广府民居在建筑形制上的异同与相互转化充分体现了传统民居在应对不同外部环境时的灵活性与多变性。

第七章
西方的建筑文化细节
对岭南建筑文化的影响

第一节 岭南建筑原有的风格特点

一、既保留古制，又中西交汇

古代中国是一个等级分明的国家，统治者划分出不同的等级并制定相应的制度，在建筑上也不例外。中国古代存在建筑等级制度是按照所有者的社会地位规定建筑的规模和形制，而这种制度最迟在周代已经出现，直至清末延续了两千多年。周代王侯都城的大小、高度都有等级差别；堂的高度和面积，门的重数，宗庙的室数都逐级递降。只有天子、诸侯宫室的外门可建成城门状，天子宫室门外建一对阙，诸侯宫室门内可建一单阙；天子宫室的影壁建在门外，诸侯宫室的影壁建在门内；大夫、士只能用帘帷，不能建影壁。天子的宫室、宗庙可建重檐庑殿顶，柱用红色，斗、瓜柱上加彩画；诸侯、大夫、士只能建两坡屋顶，柱分别涂黑、青、黄色。椽子加工精度也有等级差别。汉代除宫殿有阙外，重要官署和官吏墓前也可建阙：皇帝用三重子母阙，诸侯用两重，一般官吏用单阙。皇帝宫殿前后殿相重，门前后相对，地面涂赤色，窗用青琐文；宫殿、陵墓可以四面开门。其他王公贵族的宅、墓只能两面开门。列侯和三公的大门允许宽三间，有内外门塾。明代建立之初，对亲王以下各级封爵和官民的宅第的规模、形制、装饰特点等都作了明确规定，并颁布禁令。公、侯至亲王正堂为七至十一间（后改为七间）、五品官以上的为五至七间，六品官以下至平民的为三间，进深也有限制。宫殿可用黄琉璃瓦，亲王府许用绿琉璃瓦。对油饰彩画和屋顶瓦兽也有等级规定。地方官署建筑也有等级差别，违者勒令改建。古代，岭南开发迟于中原地区，而民间工匠的建筑技术主要靠私授，因此对中原先进的建筑技术在传播过程上存在一定的时差，这种时差从某些方面来看，却能较好地保留古代建筑形制上的一些特点，为后人研究提供了弥足珍贵的信息。

广州南海神庙的现存建筑，大多为清代以后重建，前堂后寝，有两塾、仪门、复廊及东西廊庑，尚可考见唐代坛庙的布局遗制，而头门依周代堂制，复廊为春秋王制产物，为国内现存孤例。广州光孝寺大雄宝殿清初由5

间扩至 7 间，其副阶檐柱高"不越间之广"，柱直径与高之比为 1∶6.7，外檐斗拱硕壮，柱高与斗拱之比为 1∶0.32。梭柱、侧脚、生起、举折等多项比例，殿后一列单勾栏，屋而折坡度平缓，出檐深达 2.5 米，以及阑额和柏枋至角柱出头成海棠瓣形等，综合反映出南宋建筑风格。建于明洪武五年（1372）的佛山祖庙大殿，保留了《营造法式》宋式斗拱做法，前面三下吊，后面三撑杆，举折按《营造法式》形成屋坡曲线。肇庆梅庵始建于北宋初年，明、清年间多次重修，大雄宝殿从初建之 3 间改为 5 间，歇山顶改为硬山顶，但其结构形制仍有不少保留了宋甚至宋以前古制之特征。北方现存的辽、金、宋建筑大部分未用昂栓，梅庵大殿补间铺作后部使用了昂栓，反而与《营造法式》的规定相合。佛山祖庙后殿之斗拱也采用了昂栓、拱栓。昂栓、拱栓可稳定上下拱和昂的位置，对建筑物防震、抗风以及木材经受干湿变化仍保持结构牢固起了重要作用，这是古制于岭南得存的原因。梅庵大殿铺作的檐柱高度比例为 2∶5，存北宋建筑斗拱壮硕之古风。大殿各挑上瓜子拱、蔓拱，规格不一，其规格化程度较低，是《营造法式》问世前的古建筑特征。斗拱之斗底皆刻皿板，是见之于中唐之前，可追溯到战国时期的古制。这种做法，北方宋代遗构已不多见，而见于两广、福建自宋至清代的不少古建筑，例如潮州的许驸马府、猷巷黄府及开元寺大雄宝殿和天王殿。潮州开元寺大殿是保留古制的典型。该寺天王殿面阔 11 间，清代建筑中，此规格仅见故宫太和殿及太庙。从进深与面阔之比推测大殿平面为南北朝时期形制。其明间较宽，其余各间渐次缩小，也是较早期布局的特点。潮州开元寺天王殿正立面屋顶，中央高两侧低，中有大门，旁有小门，门房还有附属客房。这种平面布局和立面构图，保留了早期建筑手法，一明二次的门庑，是春秋时期贵族士大夫大型宅第布局，而中央高，两侧低的正门屋顶形式，于四川德阳汉代画像砖中可以见到。这些正是边远地区在文化上有滞留保守，保留古制一面的体现，是岭南古建筑构件形制上的一个特色。

岭南建筑既有保留古制的一面，又有融汇中西方的一面。岭南沿海尤其是广州得海上交通之便，中外文化交流十分活跃。在广州西汉南越王墓中出土的陶俑座灯，造型是一个屈膝席地而坐的裸体男子，一只手高托灯盘。托灯之人高鼻、突眼、颔有须、遍体有毛。专家认为其属于西亚或东非的人种，是被贩运到中国作为贵族大族"家内奴隶"的胡俑。胡俑在广州、顺德、三水等地的东汉墓葬中均有发现，正是广州地区海外贸易繁荣的反映。在明清建筑上，将洋人形象作为托梁驼峰、作为托塔力士，甚至作为传统戏曲故事雕刻中的丑角也不鲜见，如佛山祖庙金漆木雕神龛、彩门雕刻历史故事场面，雕刻了几个戴高礼帽、着燕尾服的洋人被打倒在地和跪拜献表，神案两侧有洋人形象的侏儒托瓶。清代民间建筑采用西方装饰手法和装饰材料，反映了中外交往的发展变化。

岭南古代建筑表现出中西交汇的特征。作为外来文化，西方文化在古代岭南地区并非一开始被地方所接受，中西方建筑文化仅仅处于接触阶段。广州作为海上丝绸之路的起点，在唐代就迎来了外国侨商，他们在广州城西聚居形成蕃坊，"并任蕃商列肆而市，交通夷夏，富庶于人，一无所阙。车徒相望，城府洞开，于是人人自为家给户足。"① 唐代中前期，都市执行着十分严格的封闭式里坊制和坊市制，岭南首府竟然允许蕃商列肆而市，城府洞开，提供自由贸易之便，进而影响到城内居民区的商业化和临街设店的城市布局，可谓得城市商业化的风气之先。从开元初年起的百余年间，官府不断有"列邸肆""修伍列、辟康庄"之举措，形成店肆行铺林立，邸店柜坊等服务设施完善的新局面，甚至出现了其他城市所未见的"蛮声喧夜市"的场面。城市建筑中引人注目的是蕃坊的异域建筑。据《苏莱曼东游记》记述，广州蕃坊有回教寺。现存的怀圣寺光塔，始建于何时尚未定论，不少专家倾向于其建于初唐贞观元年之说。此塔"制则西域"，迥异于中国传统建筑。穆罕默德于622年在麦地那建立第一个政教合一的伊斯兰神权国家，并建立了最早的清真寺，时距贞观元年仅有5年。据今国际流行的说法，世界上现存阿拉伯寺院建筑以叙利亚的倭马亚大清真寺为早，寺内最早的呼礼塔"新娘塔"，始建时间比贞观元年约迟80年。因此，怀圣寺光塔在世界伊斯兰教建筑史上有着重要的意义。伊斯兰教传入，还留下了广州"响坟"、海南的珊瑚石伊斯兰墓，都是早期伊斯兰教建筑遗制，有阿拉伯建筑装饰风格。

明末，在澳门出现了葡萄牙人建的欧式教堂和居宅。之后，广州出现十三行和"夷馆"，"夷馆"俗称"洋馆"，"有若洋画"，这是在中国内地最早出现的一批"西洋楼"。鸦片战争以后，在广州长堤及西堤一带，集中出现了一批商业、金融、海关、邮局等西式大型公共建筑，采用了较先进的钢筋混凝土或工字钢建筑材料。沙面租界集中了数以百计的各类西方建筑，包括领事馆、银行、洋行、教堂、学校等，形式有新古典式、券廊式、仿哥特式等；在广州市和其他地方出现了教堂，教会学校和医院、洋式别墅。这些西方建筑文化影响到了官方建筑、民间居宅、工厂等的建筑样式。成为法租界的广州湾以及开埠城市汕头、海口，也出现了西式建筑。在各地，有外国传

---

① 《全唐文》卷五一五，《进岭南王馆市舶使院图表》，四库本。

教士兴建的一批教堂及附属建筑。在侨乡，华侨回乡建屋，有侨居国的建筑风格，四邑侨居碉楼林立，称得上万国建筑博览会。

岭南近代建筑更多表现出中西合璧的特征。梅州联芳楼正面为西方古典主义样式、万秋楼正面为双柱式三角门楣，后部都是传统的客家围龙屋。澄海陈慈黉宅第，各院落组群中间为传统的平房，四周是二层洋楼，屋檐、斗拱、门窗装饰既有各式嵌瓷样式，图纹却杂有西式风格。清代粤东私家园林，在仿效江南园林小巧玲珑，善于叠山理水的同时，也吸收了不少西方建筑形式。潮阳西园居住部分为两层混凝土楼房，楼梯以天顶采光，正面置多立克叠柱和瓷瓶式栏杆，假山中设螺旋梯，上可至洋式凉亭，下连水池中的水晶宫，透过玻璃窗仰望园景。清代广州富商园林，也采用了西方装饰。《法兰西公报》1860年4月11日登载的寄自广州的信，记述了法国人参观的广州某富商宅园，地板是大理石的，房子里也装饰着大理石的圆柱，极高大的镜子、名贵的木料做的家具漆着油漆，天鹅绒或丝质的地毯装点着一个个房间，镶着宝石的枝形吊灯从天花板上垂下来。清末民初开始流行于岭南城镇的骑楼建筑，保留了源于干栏式建筑的痕迹，柱式和临街一面又引进了西方的券廊和柱式，被称为"洋式店面"。不拘一格、中西拼合的装饰手法，诸如套色玻璃、卷铁窗花、瓶式栏杆、拱形门窗、几何形水池，在岭南城镇中曾经风靡一时，成为近代广东建筑不可缺少的组成部分。[①]

二、既有地域共性，又各呈异彩

岭南建筑在封建社会中期以前，较多地受到中原文化、楚文化的渗透，后期较多地受到江南文化的影响。粤东一带还较多地受到闽、赣文化的浸润。在此过程中，岭南建筑也逐渐形成了自身风格，既区别于中原建筑的凝重，又区别于江南建筑的秀逸。总体来说，岭南建筑的风格是轻巧通透。所谓轻巧，一是体量较小，普遍不及中原或江南建筑的宽敞高大。以古塔为例，在广东高度居前列的广州六榕寺花塔，就比同时代河北料敌塔、江苏北寺塔矮小。二是一般来说外表不够北方建筑之威严，也不及江南建筑之俊逸。无论是屋顶的曲线、檐角的举翘、门面的布局、颜色的涂饰，只要作一比较，就可以感受到岭南建筑的特色。以颜色为例，北方之古建筑喜上下均

---

① 《岭南建筑基本特色》，http://www.southcn.com/news/gdnews/hotspot/dzgdwhhm/whgk/200309171068.htm。

着重彩，金碧辉煌，显得雍容华贵，江南建筑喜用素色黑色，寺墙则大面积涂以黄色，颜色单一，与水乡环境十分协调。岭南建筑色调较为灰浊，重在屋脊、檐下、墙头、梁架等重点部分上加强装饰，而这些装饰往往同建筑构件的实际功能有关。在珠江三角洲地区，建筑通常是灰麻石头勒脚、灰青砖墙面、灰瓦屋面，只有屋脊和山墙才饰以较为鲜艳夺目的灰塑、陶塑。在屋檐与屋面交界处常饰以黑色边线，画上白色卷草，使轮廓醒目。在强烈的日光照射下，丰富了立面变化，表现出建筑造型的节奏和韵律感。所谓通透，是指建筑从整体上注意通风透气，既有利于建筑材料的防潮防虫，延长寿命，更着眼于在长夏无冬的气候条件下，居住活动的舒适凉快。岭南建筑注重从整体环境设计来达到降温效果。为使空气流通，采用前低后高、巷里对直来兜风入室，所谓"露白"，加强通风采光。在祠堂、居宅向大型化发展的情况下，竖向各路建筑之间以青云巷相隔，既通风防火，又方便出入；横向各进之间，不隔以围墙，而是通过厅堂上的屏风隔扇，达到形式上分隔。就是照壁、砖砌窗花也都做成通雕以利于空气对流。有的厅堂门口采用通雕门罩，厅内设挂落、落地罩、博古罩等来分隔空间范围，达到分而不隔。木构建筑很少吊天花，多采用彻上露明造，让建筑的上部通风透气，木材尽量外露，有利于防白蚁、防腐，而且有尽可能大的空间。与北方相比，庭院规模都显得很窄小紧凑，有的山墙还做成很高的风火山墙，其目的在于减少日光的照射，降低室内的温度。庭院内厅多为敞厅，门窗多朝向天井，普通人家的天井也有花台、水池或花木、莲缸，四季常青，静谧幽雅，更有利于调节气温。

　　岭南建筑的共性是轻巧、通透，岭南各地建筑异彩纷呈，并非一种模式。民居就各有其自身特征。粤中一带流行三间两廊，以此为基本单位并扩大为多进多路大型院落；客家民居以围龙大屋、五凤楼闻名于世；潮汕民居则有"下山虎""四点金""四马拖车"，可大可小。还有壮族、瑶族楼居，黎族船型茅屋等。这些民居形式多样，但作一比较，就可以发现其共性。即使是外部极端封闭的客家围屋，其内部也是相当通敞的。黎族的船形屋，选择建在叶林丛中，厚实的草、泥墙，可以挡住阳光，草顶几乎垂至地面，又保护了泥墙不受雨水冲刷。屋架为干栏式，下部架空，楼板疏隙，屋体直穿而过，泥墙与草顶之间留有空隙，因此，船形屋虽然不高，又没有窗子，但感觉凉快，适宜高温多湿且时有台风的气候。作为普通民居最基本的结构，广府民居三间两廊、潮汕民居下山虎、客家民居锁头式和围屋标准式的三堂二横，它们的平面布局大同小异，其实都是三合院结构，只不过大门的开法不同。锁头屋、三间两廊开在侧面,下山虎开在正面。这种正面一堂二内,全宅为三合院结构的民居模式,最迟在汉代就已经形成。从岭南出土的汉墓陶屋明器可知,当时的屋式有曲尺形、日字形、三合式等,结构多样,配置灵活,最终普遍采纳的是三合院式的基本格局。这种格局既封闭又通透。典型的北方四合院,有宽阔的大院子。广东人却将大院落分成很多小的院子,这样可减少曝晒,争取更多的遮阴面,房间与院落之间有更紧密的联系,也适于人口密集而耕地少的地区,在气候炎热、生活空间狭窄的环境中也能求得安静与阴凉。

因地制宜地利用地形进行建筑,以粤东一带的岩洞建筑比较典型。潮汕地区的山地,花岗岩露出的面积甚广,巨石叠成大大小小的天然岩洞,有一部分被加以利用,略加穿凿或附建配体建筑,形成别具一格的岩寺、石室书院等。以岩为寺,最早为唐大历年间(766—779)惠照栖居的潮阳西山海潮岩石,贞元年间(785—805)拓建有白牛岩、乌岩、宝峰岩洞等。也有道教遗存,潮阳大北岩"玉龙宫"是整个粤东地区最大的道观之一。潮汕地区最大的石窟寺岩洞为潮安桑浦山狮子岩甘露寺,岩下砌有360余级石阶直抵寺门。岩洞面积近千平方米,覆顶为一整块巨大的花岗岩石,石窟内有宋元年间凿造的高2.55米、宽4.15米的弥勒佛坐像。石室书院集中于桑浦山上,有中离、翁公、玉简书院遗址,都是建于明嘉靖年间(1522—1566)。翁公书院相传为兵部尚书翁万达入仕前攻读之处,后人将此石室扩建为前后两室,多次重修,至今保存完好。岩洞逐步扩建为建筑群,有小桥和楼台亭榭,延伸成二三进间的庭院,但岩洞为主体的本色没有变化。珠江三角洲一带民居的门,一般采用脚门、趟栊门和大门"三件头"。脚门是高约1.7米轻巧的四扇对开小折门,上部有木雕通花;趟栊是水平方向开启的栅栏式拉门,下部装有滑轮,后部装有竖插销和小铜铃;大门是两扇对开的厚板门,日间打开,晚间才关闭。三件头大门,既保持了居室的隐秘,又利于通风透气;既可观察门外,又有较好的防卫功能,还具有较高的艺术价值。这是岭南建筑讲求实用、通透的一个形象例子。潮汕传统民居大门有"二件头",一隔扇木门和厚板门,俗称"猫窗门",同样有隐蔽、透气之功用。共性与个性的统一,还可以脊饰为例。岭南传统大型建筑不论庙宇祠堂,还是民居,都很强调脊饰的艺术造型作用。脊饰一般都是很高的。共同之处是色彩鲜艳、精雕细刻、图案复杂,但装饰手法与题材因地区而异。在珠江三角洲,正脊顶喜用中间双龙戏珠,两端鳌鱼相对,山墙喜用特别高大的镬耳风火山墙,装饰工艺喜用陶塑、灰塑。韩江三角洲喜将脊端作为形状如凤尾的

卷草纹，山墙不是很高大，但十分讲究，手法特别丰富，有金、木、水、火、土以及派生出的几种形式。装饰工艺则采用特有的嵌瓷。

三、既讲究风水，又突出亲水

风水之学，起源于中原一带，宋代以后，传入并活跃于江南、岭南地区。岭南地势复杂，气候湿热，人易得病，古越巫文化盛行，加上商品经济活跃，机遇多，风险也大，种种主客观因素，使得风水堪舆之学在岭南大行其道，岭南建筑尤重于此。当然，在迷信色彩笼罩下，也有其适应自然环境的一面，与思想观念、审美意识也有着密切的关系。

风水之学讲究建筑选址要"藏风得水"，实际上就是慎重考虑建筑外部自然环境的选择，而后又发展为人为创造理想的小环境。东汉仲长统《乐志论》描绘时人心目中的理想宅园是："使居有良田广宇，背山临流，沟池环市，竹木周布，场圃筑前，果园树后。"客家围龙大屋，就是这种理想宅园的体现。围龙屋主体为平面方形或长方形的居屋，以单组或多组三堂二横式屋构成。居宅前是长方形的禾坪，再前是一口半圆形的池塘。居宅后部，有的以后包堂屋连接左、右横屋，形成"∩"形围龙。屋后着意造成半圆形的风水林或果园，由此而形成前水池后山林的居住环境。围屋常常面向溪流背依山坡而建，屋后的山坡俗呼屋背头或屋背伸手，与屋前的池塘一样加以保护。客家居宅选择屋基地势，通常有谓"龙""局""水"三个字。"龙"指山形总脉络，主人丁兴旺；"局"指支脉围护，湾环回托，主功名显赫；"水"，指水势回环，最好是逆水大江，主财源涌现。但万变不离其宗，还是"背山临流"的模式。在民居密集，无法充分展示背山临水的理想模式时，一样可以讲究风水。广州的西关大屋天井多为方形，特别是官厅、轿厅和正厅之间的天井更强调方正。天井和厨房地面的取水孔，常见雕琢成金钱形状，即与迷信"水为财"有关，同时有隔栅的功能。客家大屋天井中间凿有石槽以汇集四面屋顶泻下的雨水，本来是一种排水措施，却称之为"四面来水"。西关大屋的后墙一般不开窗，为的是挡住北风和避免视线干扰，称为防"散气""漏财"。对于大的聚居点，如村寨、城镇，视其具体位置和周围地势、风向，讲究要复杂得多，经纬分明，也有风水之讲究。东片临江商业区，属"财"；西片手工作坊集聚，如打铁巷、打银街、裱画街等，工匠多为男人，属"丁"；南片为豪富宅园，今尚存于猷巷、灶巷、义井巷、兴宁巷、甲第巷，属"富"；北片为街署府第、学宫所在，属"贵"。财、丁、富、贵各居一方,形成动静分明、功能齐全的城市功能规划。翁源江尾镇现存建于明代的葸茅八卦围屋,由74条街巷和1 000多间房屋组成八卦图形,设有乾、坤、巽、兑四门,象征天、地、风、泽,昭示风调雨顺。

阴阳五行之说也体现在岭南建筑的装饰上。潮汕民居的山墙分作金、木、水、火、土五大类,又派生出古木,大北木,大土、火星等几种形式。木格扇门上也有八卦图案的木雕装饰。岭南建筑山墙檐边的装饰,常是黑色为底的水草、草龙图纹,俗谓之"扫乌烟,画草尾"。黑在五行中代表水,为玄武居北方,水草、草龙纹饰及尚黑的装饰手法,与水网纵横,濒临江海的岭南生活环境有关。江西沿岸传统建筑的屋脊上装饰夔纹,俗称"博古",是从商周的夔龙纹抽象变化而来的。这也是五行之中南方尚水的一种建筑语汇,并赋予其深远而又丰富的文化内涵。粤中的镬耳山墙,高高耸起,又称鳌耳屋。以鳌鱼为饰与西江沿岸的亲水图腾崇拜是分不开的,而后又转化为龙母信仰、龙图腾崇拜。鳌(镬)耳山墙、鳌鱼脊饰,同样可以视为一种亲水特性的建筑语汇。

明清时期岭南流行的风水之说,于建塔上可见一斑。广东现存明清古塔中,风水塔占十分之九。入明以后,科举极盛,贸易繁荣,为祈求文运财运,几乎各县都竭财力建风水塔,少则一座,多至十来座。建塔目的不一,一补气力,广州建有赤岗、琶洲、莲花三塔,按风水家的说法,广州:"中原气力至岭南而薄,岭南地最卑下,乃山水大尽之处。其东水口空虚,灵气不属,法宜以人力补之,补之莫如塔。"① 二祈文运,雷州的三元塔即取"三元及第"的寓意。三镇风水,潮州凤凰塔、宝安龙津石塔,饶平镇风塔都属此类。四求发财,如中山阜峰文塔,即为聚财而建。风水塔的建立,在精神上有一种激动的作用,有的还兼有导航、镇固堤岸的实际功能。②

---

① 〔清〕屈大均《广东新语》卷十九,四库本。
② 《岭南建筑基本特色:既有地域共性,又各呈异彩》,http://www.doc88.com/p－945521664536.html

第二节　古代西方建筑文化在岭南的传播

　　古代时期是西方文化传入岭南的初始时期。随着外来宗教文化的传播，中外建筑文化在岭南相遇。在当时社会发展的状况下，传播活动尚且处于初级阶段，西方建筑文化传入的模式是直接接触的传播，并且以人际传播为主。贸易的开展成为传递文化信息及加强相互联系的重要手段，而传教士的传教活动促成了中西方文化的交流与传播。这一时期，西方建筑文化在岭南的传播主要是被动植入。

　　佛教与伊斯兰教的传播将佛教建筑与伊斯兰教建筑传入岭南。1557年，葡萄牙人开始借居澳门之后，西式建筑传播至澳门，这也是最早出现在中国的西式建筑。1685年，清朝政府实行"广州十三行商"的中外贸易制度，外国商馆的建设又将西式建筑传播至广州十三行。在近代之前，外来建筑文化在岭南的传播均由外源性的因素主导，所谓的外源性就是说简单地由外来文化引进而并没有受到本土化的影响。而古代西方建筑文化在岭南地区的传播主要体现在两个方面，一个是贸易往来，另一个是宗教传播。纵观历史与现实，贸易往来与宗教传播的两条传播途径可独立发挥作用，也有交叉的情况，例如西方建筑文化在澳门的传播就是二者都发挥了作用。

一、外来建筑文化在岭南的传播是在特殊的历史条件之下展开的

　　外来建筑文化传入岭南首先源于中外贸易开展的原始推动力。外来建筑文化在澳门传播的主要因素是葡萄牙人租借并定居澳门。因为清政府实行"广州十三行商"的贸易制度，使外来建筑文化传入了广州十三行。因此，古代时期外来建筑文化传入岭南是在特殊的历史条件下进行的，并受到历史条件的制约。

二、岭南建筑文化与外来建筑文化的互动并未真正展开

　　外来建筑文化传入澳门是在葡萄牙人的主导下进行的，葡萄牙人将中世

纪欧洲城市建设的理念与西式建筑传播到澳门。外来建筑文化传入广州十三行同样是在西方国家主导下，因商馆的建设将西式建筑传入。外来建筑文化在古代传入岭南，虽然传入的时间点不同，但是传入的方式均是移植式，因此，传入的西式建筑风格纯正，展示了与中国传统建筑完全不同的信息编码与符号特征。文化传播中的互动需要接触的过程，因此，无论是传播进入澳门还是广州十三行的西式建筑均相对独立，它们表征着西方建筑文化，为跨文化的建筑传播奠定了基础，同时表明中外建筑之间的对话即将开始。

三、历史条件下外来建筑文化在岭南传播的区域有限

古代传播至岭南的外来建筑文化均是在特殊的社会历史背景下产生的，因此，传入的西式建筑的扩散性受到限制，并不具备广泛传播的条件。葡萄牙人租借并居留澳门后，外来建筑文化在澳门的传播随着葡萄牙人对澳门的城市建设的规模扩大而扩散，但局限于澳门。清朝"广州十三行商"贸易时期，来广州进行贸易的外国商人的商业活动以及居住范围受到严格的限制，出现在广州十三行的西式建筑主要是由西方各国主导建设的外国商馆，并不具备向外扩散的条件，外来建筑文化传播的局限性更强。

四、古代外来建筑文化在岭南的影响力较弱

由于古代时期外来建筑文化的传播范围有限，因此，首先在共时性方面产生影响的广度较小，仅限于澳门与广州的十三行；其次在历时性方面，葡萄牙人在澳门长期居留，使传入澳门的西方建筑文化得以传承与延续，葡萄牙人按照葡萄牙本土的城市模式建设在远东的居住地，依照欧洲传统的教堂形式建造宗教生活的场所，使澳门形成中世纪欧洲城市空间形态，并留下代表性的西式教堂等建筑。然而，传入广州十三行的西方建筑文化仅体现在外国商馆的建筑上，对广州十三行的城市空间有一定的影响，但在十三行之外，西式建筑的影响极小，并且在鸦片战争之后被彻底湮没。

15世纪之后，远航来到岭南进行贸易的西方国家不仅觊觎的是中外贸易所获得的巨大利润，而且带着明显的文化殖民的优越感而来，因此，他们着力于输出西方文化以达到殖民扩张的目的，传入澳门的西方建筑文化即其中的一部分。虽然古代外来建筑文化传入岭南几乎没有受到任何的阻碍，西式建筑形式新颖，但在建筑功能、建筑造型、建筑空间、建筑材料与建筑技

等方面与中国传统建筑均存在极大的差异,并且它们的出现起初与中国人的日常生活并没有紧密的关联,因此传入的西式建筑自成体系。本质上,古代外来建筑文化在岭南的传播体现为一种异质文化的渗入,最大的影响在于展示与呈现一种全新的建筑信息与建筑文化。在文化传播的初期,岭南建筑文化与外来建筑文化之间的互动并未真正展开。然而,根据建筑文化传播的过程与特点,古代时期传播进入岭南的西式建筑既是西方建筑文化传播进入岭南的结果,又是西方建筑文化在岭南进一步传播的媒介,从而开启了外来建筑文化在岭南传播的序幕。

这时期是西方建筑文化传播的接触阶段:西方建筑文化和岭南建筑文化相遇,拉开了两种不同建筑文化之间互动的序幕。由于社会历史环境的限制,西方建筑文化传播与影响的区域是澳门与广州,包括一些宗教建筑、商用性建筑以及民居,并不具备在岭南广泛传播的条件。古代时期西方建筑文化在岭南的传播主要体现为一种新的建筑体系的出现,它表达且传播了不同的建筑文化的个性信息,体现不同的建筑文化价值观,但是并没有对传统的岭南建筑产生根本性的影响。

第三节　近代西方建筑文化在岭南的传播

近代是西方文化大规模进入并与岭南文化相调适、融合与发展的时期。在贸易、政策、战争的助推下，西方文化强势、全方位地进入岭南地区，例如租界的建设引入了西方的城市建设理念，西方宗教的传播将教堂建筑移植而来。同时在"西学东渐"的文化背景下，岭南地区开始主动并且有所选择地引进西方建筑文化，并出现大批量的复制。而在近代后期，岭南建筑文化在与西方建筑文化的互动之中相互调适，吸纳西方建筑文化显性的建筑构建来点缀原有的岭南的建筑风格，形成中西结合的建筑形式。

一、近代外来建筑文化在岭南传播与影响的区域广泛

近代外来建筑文化在岭南的传播与影响的区域扩大，形成三个主要的影响区域：广州、潮汕地区与五邑侨乡。岭南的中心城市广州在近代化的发展过程中成为外来建筑文化传播与影响的重点区域，并以广州为中心向周边地区扩散。随着近代汕头的开埠，带动了潮汕地区贸易与经济的发展，加之在海外华侨的推动之下，潮汕地区成为外来建筑文化传播与影响的新的区域。五邑等侨乡也在华侨的主导与经济支持下，主动引进了外来建筑文化。

二、岭南建筑文化对外来建筑文化的选择与吸纳

在岭南建筑文化与外来建筑文化互动的选择阶段，在"中学为体，西学为用"思想的主导之下，外来建筑文化在岭南的传播由被动地输入逐渐转向主动、自觉、有选择地引进，自20世纪之后，这一现象逐渐明显。西方建筑文化在近代的岭南表现为强势的文化，因此也具有较强的扩散性，例如广州沙面租界的规划建设与西式建筑对广州的城市建设与建筑产生了较大的影响。同时，近代强势传播的西方文化对岭南的影响是全方位的，对外来建筑文化的主动的选择与引进体现出对西方建筑文化的认同。

三、外来建筑文化与岭南建筑文化的互动由表及里逐渐深入

　　近代西方文化对岭南的影响扩展到社会以及生活的各个方面,并向深层次发展。外来建筑文化与岭南建筑文化的互动也逐渐深入,因互动而产生相互的吸纳与采借。近代岭南中西结合的建筑形式的形成即中外建筑文化相互选择与采借的结果。岭南的骑楼与碉楼的形成是本土建筑对西方建筑元素的选择与使用的产物,而教会学校建筑"中国古典复兴"建筑风格的形成则体现了西方建筑文化对传统中国建筑形式的吸纳。由于在近代岭南外来建筑文化的传播过程中西方建筑文化处于强势的一方,因此在互动的过程中,岭南建筑文化对西方建筑文化的吸纳与采借相对较多。外来建筑文化在岭南的传播与影响已不再局限于建筑形式与建筑符号的简单拼接等外在的表象,而是扩展到建筑功能与技术等方面,并且开始涉及建筑观念的层面,经历了由表及里,从微观到宏观的不断深入的过程,这也是文化传播过程中文化互动的必然。

　　这一时期,岭南地区对西方建筑文化形成了融合与包容的态度,在近代社会发展的大环境下,中外建筑文化开始在岭南交汇,促成岭南建筑文化与西方建筑文化和谐交流与对话的局面。至近代的中后期,岭南开始主动、积极、有选择地引进西方外来建筑文化。岭南建筑在互动中采借与吸纳外来文化中具有鲜明特色的部分,重构出现了中西结合的建筑形式,丰富了岭南的近代建筑,因此使得岭南建筑出现多元化的特质。而且在西方建筑文化的影响下,岭南传统建筑从建筑形式、空间、技术与思想观念方面均发生改变,完成了岭南建筑的近代化转型。

参考文献

[1] 〔汉〕班固. 汉书［M］. 北京：中华书局，1962.

[2] 〔南朝宋〕范晔. 后汉书［M］. 北京：中华书局，2007.

[3] 〔宋〕周去非. 岭外代答［M］. 上海：上海远东出版社，1996.

[4] 〔元〕汪大渊. 岛夷志略校释［M］. 苏继顷，校释. 北京：中华书局，1981.

[5] 〔清〕李调元. 南越笔记［M］. 上海：上海古籍出版社，1987.

[6] 〔清〕屈大均. 广东新语［M］. 北京：中华书局，1997.

[7] 胡守为. 岭南古史［M］. 广州：广东人民出版社，1999.

[8] 周鑫，王潞. 南海港群：广东海上丝绸之路古港［M］. 广州：广东经济出版社，2015.

[9] 王元林. 海陆古道：海陆丝绸之路对接通道［M］. 广州：广东经济出版社，2015.

[10] 蒋祖缘，方志钦. 简明广东史［M］. 广州：广东人民出版社，1987.

[11] 刘正刚，乔素玲. 徐闻古港：海上丝绸之路第一港［M］. 广州：广东经济出版社，2015.

[12] 顾涧清等. 广东海上丝绸之路研究［M］. 广州：广东人民出版社，2008.

[13] 李庆新. 海上丝绸之路［M］. 合肥：黄山书社，2016.

[14] 杨宏烈，胡文中，潘广庆. 西关大屋与骑楼.［M］广州：暨南大学出版社，2012.

[15] 麦小麦. 开平碉楼［M］. 广州：广东教育出版社，2010.

[16] 谭元亨. 广州十三行：明清300年艰难曲折的外贸之路［M］. 广州：广东经济出版社，2015.

[17] 叶曙明. 骑楼［M］. 广州：广东教育出版社，2010.

[18] 潘莹. 潮汕民居[M]. 广州：华南理工大学出版社，2013.

[19] 梁林. 雷州民居[M]. 广州：华南理工大学出版社，2013.

[20] 王红星，邓颖芝，等. 东莞可园[M]. 广州：华南理工大学出版社，2011.

[21] 舒翔，岑瑞珍，等. 顺德清晖园[M]. 广州：华南理工大学出版社，2011.

[22] 广东省文物局. 广东文化遗产：海上丝绸之路史迹[M]. 广州：中山大学出版社，2016.

[23] 邵松，乔监松. 岭南近现代建筑1949—1979[M]. 广州：华南理工大学出版社，2013.

[24] 邵松，孙明华. 岭南近现代建筑1949年以前[M]. 广州：华南理工大学出版社．2013.

[25] 邵松，李笑梅. 岭南当代建筑[M]. 广州：华南理工大学出版社，2013.

[26] 石拓. 中国南方干栏及其变迁[M]. 广州：华南理工大学出版社，2016.

[27] 潘安，郭惠华，魏建平，等. 客家居民[M]. 广州：华南理工大学出版社，2013.

[28] 王河. 岭南建筑学派[M]. 北京：中国城市出版社，2012.

[29] 吴凌云. 南越宫苑[M]. 广州：华南理工大学出版社，2011.

[30] 陆琦. 广府民居[M]. 广州：华南理工大学出版社，2013.

[31] 汤国华. 岭南湿热气候与传统建筑[M]. 北京：中国建筑工业出版社，2005.

[32] 陆琦，唐孝祥. 岭南建筑文化论丛[M]. 广州：华南理工大学出版社，2010.

[33] 李庆新. 滨海之地——南海贸易与中外关系史研究[M]. 北京：中华书局，2010.

[34] 沈福伟. 中西文化交流史[M]. 上海：上海人民出版社，1988.

[35] 陈高华，吴泰，郭松义. 海上丝绸之路[M]. 北京：海洋出版社，1991.

[36] 黄启臣. 广东海上丝绸之路史[M]. 广州：广东经济出版社，2003.

[37] 陈泽泓. 岭南建筑志[M]. 广州：广东人民出版社，1999.

[38] 陆元鼎. 岭南人文·性格·建筑[M]. 北京：中国建筑工业出版社，2005.

[39] 李权时. 岭南文化[M]. 广州：广东人民出版社，1993.

[40] 袁钟仁. 岭南文化[M]. 沈阳：辽宁教育出版社，1998.

［41］《岭南文化百科全书》编辑组委会. 岭南文化百科全书［M］. 北京：中国大百科全书出版社，2006.

［42］杨秉德. 中国近代中西建筑文化交融史［M］. 武汉：湖北教育出版社，2002.

［43］梁嘉彬. 广州十三行考［M］. 广州：广东人民出版社，1999.

［44］黄鸿钊. 澳门简史［M］. 香港：三联书店，1999.

［45］顾卫民. 基督教与近代中国社会［M］. 上海：上海人民出版社，2010.

［46］顾长声. 传教士与近代中国［M］. 上海：上海人民出版社，2004.

［47］刘进. 五邑银信［M］. 广州：广东人民出版社，2009.

［48］李柏达. 古巴华侨银信：李云宏宗族家书［M］. 广州：暨南大学出版社，2015.

［49］邓复群. 五邑侨乡文化读本［M］. 北京：高等教育出版社，2016.

［50］范小静. 广州十三行故事：1757—1842年的中国与西方［M］. 广州：花城出版社，2012.

［51］赵春晨，冷东. 广州十三行与清代中外关系［M］. 北京：世界图书出版公司，2012.

［52］中荔. 十三行［M］. 广州：广东人民出版社，2004.

［53］曹劲. 先秦两汉岭南建筑研究［M］. 北京：科学出版社，2009.

［54］陈序经. 疍民的研究［M］. 北京：商务印书馆，1946.

［55］司徒尚纪. 广东政区体系：历史·现实·改革［M］. 广州：中山大学出版社，1998.

［56］曾昭璇. 岭南史地与民俗［M］. 广州：广东人民出版社，1994.

［57］张荣芳，黄淼章. 南越国史［M］. 广州：广东人民出版社，1995.

［58］薛颖. 近代岭南建筑装饰研究［M］. 广州：华南理工大学出版社，2017.

［59］姜省. 近代粤中四邑侨乡的城镇发展与形态研究［M］. 广州：华南理工大学出版社，2016.

［60］高云飞. 岭南传统村落微气候研究［M］. 广州：华南理工大学出版社，2016.

［61］司徒尚纪. 侨乡三楼：华侨华人之路的丰碑［M］. 广州：广东经济出版社，2015.

［62］李海清，汪晓茜. 叠合与融通：近世中西合璧建筑艺术［M］. 北京：中国建筑工业出版社，2015.

［63］王其钧. 中国传统建筑屋顶［M］. 北京：中国电力出版社，2009.

[64] 施维琳，丘正瑜. 中西民居建筑文化比较［M］. 昆明：云南大学出版社，2007.
[65] 王小兰. 塔［M］. 北京：中国人民大学出版社，2007.
[66] 孙景浩，孙德元. 中国民居风水［M］. 上海：上海三联书店，2005.
[67] ［阿拉伯］马苏第. 黄金草原［M］. 耿昇，译. 西宁：青海人民出版社，1993.
[68] ［阿拉伯］苏莱曼. 苏莱曼东游记［M］. 刘半农，刘小蕙，译. 北京：华文出版社，2015.
[69] ［韩］李宽淑. 中国基督教史略［M］. 北京：社会科学文献出版社，1998.
[70] 陈从周，路秉杰. 广州怀圣寺［J］. 社会科学战线，1980（1）：215－232.
[71] 陈文涛. 光孝寺及古建筑构件研究［J］. 建筑设计管理，2017（3）：91－93.
[72] 明生. 光孝寺与中国宗派佛学源流述略//中国佛教二千年学术论文集. 广州：广东省佛教协会，2003. 112－117.
[73] 陆芸. 试析海上丝绸之路在宗教文化传播中的作用和影响［J］. 西北民族大学学报（哲学社会学报），2006（5）：56.
[74] 吴国智. 开元寺天王殿建筑构造（二）［J］. 古建筑园林技术，1987（4）：32.
[75] 宋方义，邱立诚，黄志高. 马坝人化石地点发现石器［J］. 人类学学报，1985（2）：52.
[76] 邱立诚，宋方义，王令红. 广东封开发现的人类牙齿化石［J］. 人类学学报，1986（4）：311－314.

*编者在编写本书的过程中，参阅了大量教材、文件、网站资料及有关文献，并引用了一些论述和例文。部分参考书目附录于后，但由于篇幅所限，还有一些参考书目未能一一列出，在此谨向这些作者表示谢忱和歉意。